民俗学

宮田 登

講談社学術文庫

まえがき

　日本が一九六〇年代後半の高度成長期に入り、日本列島いたるところで、地域開発がすすみ、都市化の速度が高まってきた段階で、地域の伝統的な社会や文化がつぎつぎと衰退していき、その中心にあると思われた民俗文化も、消滅の一歩手前にあるとみなされるに至った。そのため民俗学も研究対象を失って成り立たなくなるのではないかという議論もなされた。たしかに、民俗学が前代の古風な風俗習慣を発見するだけを目標とするならば、それは奇習のみを追いもとめる好事家の域にとどまってしまう。しかし、日本の民俗学の場合は、柳田国男《やなぎたくにお》を中心に体系化された理論枠組み、方法論をもち、学史的な展開を跡づけることが可能な段階にある。

　民俗学は二〇世紀後半、世界の文明民族の間で必然的に起こった学問である。イギリス、ドイツ、フランスなどヨーロッパ文明社会の知識人たちが、同じ民族の内部で、キリスト教以前の文化や、先住民族の遺習などに気づき、それらが辺境の地域社会に残存していることを研究対象にしてスタートさせた。日本においては、ほぼ同時期に、本居宣長《もとおりのりなが》や平田《ひらた》篤胤《あつたね》、菅江《すがえ》真澄《ますみ》などの国学者や知識人たちが、田舎の習慣に古代を求めたり、他界観、神観念についての考えを深めており、さらに明治時代末に至り日本の近代化、工業化に対する批判の姿勢をもった柳田民俗学が出発したのであった。

各国の民俗学のあり方には、それぞれ特徴があり、一括することは難しい。しかし共通している点は、古習の残存をとらえるという観点ではなく、むしろ現代社会に現実に生きている民俗の意味を問うということであり、日本の民俗学にはそのための枠組みとして、「常民」や「ハレ・ケ」の概念が用意されたが、近年それだけでは不十分であることからつぎつぎと修正意見もだされてきている。民俗学は出発の時点においてまず都市化を経験しており、民俗が外在的にも内在的にも変容しつつあることを大きな前提としていた。民俗はつねに変化しているからこそ、変化の相のなかにプロトタイプや変化のプロセスを探ることが可能になっている。民俗の消滅は変化の仕方であり、そこに原則をとらえる必要があるだろうし、一方に民俗の再生、再生産、創造という認識もなされてくる。近代化・都市化に応じての民俗のあり方が現代民俗学にとって不可欠の視点となっているのが現状の認識といえるだろう。

本書では、そうした現在の日本の民俗学のなかから、いくつかのトピックを選び、平易に解説することを試みた。だからはじめから体系的に叙述していない憾《うら》みもある。しかし人びとが地域社会にそれぞれ日常生活を営み、生活意識や生活行動を示していれば、おのずと民俗文化が形成されているのであり、しかも無意識のうちに独自のスタイルが成立しているかも知れないのである。本書でとり上げたテーマのそれぞれは本来有機的に結びつくべき性格を内包しているので、本書の内容をさらに深化させたいと思われるむきには、たとえば谷川健一他編『日本民俗文化体系』全一三巻（小学館）、福田アジオ、宮田登編『日本民俗学概論』（吉川弘文館）、赤田光男他編『日本民俗学』（弘文堂）、鳥越浩之編『民俗学を学ぶ人たちへ』（世界思想社）などといった入門書を併読して参考にしていただければ幸いである。
なお本書作成にあたっては、各章ごとに付した多くの参考文献に負うところきわめて大であった。ここに記して謝意を表したい。

一九九〇年二月

宮田登

目次

まえがき……2

1　民俗学の成立と発達……11
民俗学は、伝統的な日常生活文化を研究対象として、日本文化の深層を究明しようとする学問である。私たちの身近にあるいい伝えや民具などを素材にして歴史的世界を再構成する方法や意義についてとり上げる。

2　日本民俗学の先達たち……24
江戸時代の本居宣長、平田篤胤、菅江真澄、屋代弘賢などの系譜をひきつつ日本民俗学を創立した、柳田国男を軸に、南方熊楠、折口信夫、中山太郎、渋沢敬三らの業績をとり上げる。

3　常民と常民性……39
日本民俗学の基礎概念となった常民の性格について、いくつかの学説を紹介する。さらに日常生活文化の変容の中で常民性の概念が一般化していることや、近年の「非常民」の位置づけにも言及する。

4　ハレとケそしてケガレ……51
ハレとケは常民と並ぶ日本民俗学の基礎概念である。その具体例を、日常生活の表象である衣食住のあり方から説明する。また近年ハレとケの媒介項としてケガレの概念が導入されるようになった動向についても言及する。

5　ムラとイエ……65
日本の民俗文化の重要な基盤であるイエを建物としての家、そしてそこに展開する家族生活、イエ連合としてのムラの成り立ちやその特徴を、東日本と西日本の差異などに留意しながら、概観する。

6　稲作と畑作……80
水田稲作農耕と対置される畑作文化の存在を強調した坪井洋文の学説を、餅なし正月を例として説明し、稲作と畑作の問題を通して日本の民俗が、東アジア文化の中で位置づけられるべきことを説明する。

7　山民と海民……94

民俗文化の一方の担い手である非農業民たちの存在を、マタギ、木地師、漁民をはじめその他の職人たちを含めて概観する。とくに非農業民の漂泊性が、定着民に強い刺激を与えたことを説明する。

8　女性と子供 …… 110

民俗の重要な担い手である女性と子供のもつ文化創造力に注目する。とくに女性でも家の主婦のあり方を中心に、家の祭り、子供の行事などを通して、民間伝承の中で語られている女性と子供のもつ力を考察する。

9　老人の文化 …… 124

女性、子供と並び、老人のもつ民俗文化をとり上げる。日本の伝統社会に見られる長老制を支えている宮座の行事、うばすて伝説などで語られる老人の知恵などから、老人文化のもつ意味を考える。

10　交際と贈答 …… 137

社交や贈答は、人間関係を円滑にする機能をもっている。日本の社会に民俗化している贈答の機会である冠婚葬祭の事例を通して、つきあいや贈答から生じてくる人間関係の特徴などについて言及する。

11　盆と正月……151
日本の年中行事は正月と盆とに二分される。正月は典型的な神祭りの月で、各家に祖霊が来訪するが、同様な構造が盆の時期にも見られる。正月と盆に集約される日本人のカミやホトケに対する考え方を通して、年中行事の特色を探る。

12　カミとヒト……166
日本人のカミ観念は、もっぱら人間側のニーズによって形成されている。氏神や産土神、流行神、勧請神、漂着神など多量のカミやホトケが日常生活の中で発見されるが、これらは日本の伝統的アニミズム観念の上に成り立っていることを説明する。

13　妖怪と幽霊……181
人間の怨霊、御霊、また動物・植物霊などから祟りが発生し、妖怪や幽霊になる。これらは民俗宗教の上では否定できない。こうした怪異現象を生み出している基盤は何であるのかを考えたい。

14　仏教と民俗……196

外来宗教である仏教が民俗化した情況を、彼岸、四月八日などの儀礼行事を通して説明する。これらは教団仏教とは異なり、民俗化した仏教儀礼であり、神仏が習合して生みだされた民俗文化であることそして東アジアの仏教文化圏の中でとらえられることを説明する。

15　都市の民俗……210

日本各地には都市化した生活環境が拡大している。また各地の都市には伝統的な都市民俗が成長している。日本の都市がつくり出した都市民俗の実態を、欧米の都市民俗と比較しながら考えていく。

索引……233

1　民俗学の成立と発達

1　二〇世紀の学問を目指して

日常生活の認識

日本の学問の大部分は、欧米から輸入されて以来、大学や研究機関の中で育てられ、成長してきた。ところが日本における民俗学の発達を跡づけてみると、その基盤は民間の研究者たちが独力により開拓してきた結果であることがわかる。大雑把にいうと、日本の民俗学は江戸時代中期の本居宣長や平田篤胤などの国学の系譜に連なるのであり、大正から昭和にかけて、在野の研究者を糾合した、柳田国男が体系化を果たした学問である。

もちろん民俗学は、日本以外の世界の諸国でそれぞれ成立し発達してきた。文明民族の国々では、自国民の日常的生活文化の歴史を、民間伝承を主たる資料として再構成しようとする学問が起こり、それが次第に民俗学の体裁を整えていった。人びとの日常の何でもない生活の営みは、それぞれの民族文化の基層をなしており、その部分を究明していけば、やがて民族文化の全体像をつかむことができるという推察があり、そのとらえ方には国ごとの相違が生じている。

ヨーロッパの民俗学

民俗学はまずイギリスに起こった。フォークロアの語は、一八四六年トムズが従来の古俗や古謡の総称として新たに作ったものである。その内容は、「伝統的信仰伝説および庶民のあいだに行われている風習、生活様式、慣習、宗教儀礼、民謡、諺」を包含するものであった。一八七八年、ロンドンに民俗学協会が発足し、ついで、スペイン、フランス、ドイツ、アメリカに順次、民俗学の研究団体が作られ、フォークロアの語が普及しはじめた。だいたい一九世紀末から二〇世紀にかけての時期に都市に住む知識人たちの関心が、民間の記録に残されなかった日常的生活文化の実態に及ぶようになった結果である。フォークロアは、民間社会における伝承として存在しており、古風な風俗習慣や儀礼、信仰、俚諺《りげん》などが具体的な資料となることで一致している。しかし民俗学の初期は、多く好事家の趣味とみなされがちであった。実際、奇習や珍奇な民具を収集する仕事が民俗学だと思われる時期がつづいていた。しかし一八九〇年イギリスのゴンムが『民俗学ハンドブック』を出版して、科学としての民俗学の立場を明らかにした。さらに一九一四年バーンが、その増補版を刊行している。フランスでも、P・セビヨ、A・ファン・ヘネップ、P・サンティーブなどによる民俗学概論書が、つぎつぎと刊行されている。グリム兄弟のメルヘン収集を出発点とするドイツの民俗学は、イギリス、フランスと少し趣を異にしている。リールは、フォークロアと表現せず、フォルクスクンデと唱え、ドイツの民族文化全体を研究の対象に位置づけている。リールの後、マイアー、ナウマンがドイツ民俗学の体系化につとめたが、とくに一九二二年のナウマンの『ドイツ民俗学綱要』は、民族文化を表層と基層とに分け、表層から基層へという文化の下降を跡づけるという問題を提起した。

最初の世界的な民俗学の業績として評価されているのは、グリムの『ドイツ神話学』（一八三五年）である。これはグリム兄弟による昔話の収集の成果であり、グリムは昔話の起源をインド・ゲルマンの古代に求め、昔話を神話の残存とみている。一九世紀に入って、ヨーロッパの各地で、ヨーロッパ精神の形成を、キリスト教以前の段階に求めようとする志向が高まっていたことの一つの表われだった。

2　古風への関心

宣長の視点

日本でも、ほぼ同じ頃、本居宣長（一七三〇～一八〇一）が日本古代への関心を深める学問を展開させていた。『玉勝間《たまかつま》』八の巻の一節に、

詞のみにもあらず、よろづのしわざにも、かたゐなかには、いにしへざまの、みやびたることの、のこれるたぐひ多し、さるを例のなまさかしき心ある者の、立まじりては、

かへりてをこがましくおぼえて、あらたむるから、いづこにも、やう〳〵にふるき事のうせゆくは、いとくちをしきわざ也、はふりわざとつぎわざ（葬礼婚礼）など、ことに田舎には、ふるくおもしろきことおほし、すべてかゝるたぐひの事共をも、国々のやうを、海づら山がくれの里々まで、あまねく尋ね、聞あつめて、物にもしるしおかまほしきわざ也、

とあるように、宣長は田舎には、古い時代の風俗習慣が残っているとみた。ところが、都市も田舎も古代文化はすでに消滅しつつあり、それは残念なことだから、海山の辺境の地にまで尋ねて行って記録すべきだと、主張しているのである。

　こうした宣長の意図を直接受けたわけではないが、日本の各地を巡歴して、土地ごとの風俗習慣を丹念に記録した一人が菅江真澄（一七五四～一八二九）であった。真澄は、地域の人びとの生活の中にわけいき生活の実態を、深く観察するという旅をつづけたが、約四〇年に及ぶ旅の長さ、真澄個人のもつ好奇心、記録癖などからみると当時としては、他に比類のない東北地方、北海道などのアイヌを含めた民俗の詳細な報告書となっている。

菅江真澄と屋代弘賢

　宝暦四年（一七五四）に三河に生まれたとされる菅江真澄は、白井英二と名のり、本草学の知識をもつとともに、賀茂真淵《かものまぶち》の門下であったその地の国学者、植田《うえだ》義方《よしえ》の指導をうけ、

国学的素養もあった。天明三年（一七八三）、三〇歳の時より故郷をはなれ、信州をふりだしに、東北各地をめぐりあるき、その間北海道にも渡り、晩年の多くは秋田地方を旅しつづけ、文政一二年（一八二九）七六歳で没するまで生活態度はかわらなかった。この間、「伊那の中路」「わがこころ」「秋田のかりね」など『遊覧記』とよばれる旅日記七〇冊を書き、その他、随筆や地誌なども残されている。絵も巧みであり、日記のさし絵には美しい色彩をほどこした。「伊那の中路」にみられる軒先に人形の頭に糸をつけて引き渡す七夕のあり様、「男鹿の寒風」にある小正月の夜深く、家々を訪れる若者が扮するナマハギの克明な描写等々、随所に貴重な民俗に関する図絵が収められている。これらの絵入りの遊覧記は、わが国民俗誌の先駆的業績として高く評価されよう。

一方、幕府の寺社奉行手付であった屋代弘賢《やしろひろかた》（一七五八〜一八四一）は、儒者であったが、同時に民俗に深い関心をもっていた。彼は、文化一三年頃（一八一六〜一七）、年中行事、冠婚葬祭などについて質問項目をつくり、これを全国の各藩にくばった。それは現在のアンケート調査のはしりである。しかし、質問の不備から、予期した民俗の実態の返答は少なく、あるとか、ないとかといった回答しか戻らぬ場合が多かった。また何よりも返事がかえってきた絶対数が少なく、十分な成果は得られなかった。しかし、その方法が未熟とはいえ、二三篇の回答があり、当時の民俗に対する関心度を知る上で貴重であり、日本の民俗学における積極的な民俗収集の試みとして評価され得る。

3　平田篤胤の幽冥界探求

異人への関心

もう一人忘れられない存在は、平田篤胤である。彼は宣長とは異なった視点で、後世の柳田国男に連なっていく考えをもっていた。とくに江戸に在住していた折にまとめ上げた「仙《せん》境異聞《きょういぶん》」と「勝五郎再生記聞」は、日本人の伝統的な他界観を異人論を軸として展開させたものであり、当時の民俗学的関心として大いに注目されねばならないだろう。

一八世紀後半の江戸は、典型的な都市社会であり、神も仏も世間的な情況で、宗教は盛り場の中に位置していた。縁日・開帳・祭りといった年中行事のどの部分をとっても、そこに聖なる部分を見出すことは困難だった。そこには江戸町人の日常的意識として現世利益の観念が普遍化していた。現世利益は、現実世界の生き方を充実させる志向であり、現世は俗的な空間として、日常性を支配していたといえる。

しかし篤胤は、江戸の俗的な世界の中に異質な要素を見て、それを手がかりに、現世とは異なる他界（幽冥界《ゆうめいかい》）の存在をとらえようとしていたのである。彼は町に住む知識人であり、俗人である。それに対して、異人が存在し、彼らは別の世界を構成している。異人は、都市の住民でなく、江戸とは離れた大自然の中に生活しており、時折町の中に出現する。それは山に住む山民であり、たとえば具体的には江戸の背後にある関東平野の周縁部にあたる筑波山中の山伏《やまぶし》だとみた。そして山間部のどこかに現世とは異質の空間である幽界＝隠《かく》り世があるとも想像していた。

この異人は恐ろしい存在だった。たとえば江戸の町中で異人と行き交うと、声を奪われたり、口と耳をとられてしまったり、物言うこともできず盲目にされてしまったという話などがある。

篤胤は、こうした異人と出会い、異人に連れ去られた人びとを、聞書きの対象にしてその体験談を収集したのである。とりわけ異人に連れられて異界に行ったと思われる者の体験談を重視した。その場合話者の年齢はいずれも一五歳以下の少年が多かった。彼らは、現世と幽界とのメッセンジャーと考えられたのである。篤胤は聞書きに際して、一人だけの独断をさけ、いく人かの同好の士を立会人として立て、質問項目を並べて慎重に尋ねている。これに対して異界体験談を話者が答える、という客観性に堪え得る記録を残しているのである。

勝五郎再生譚

文政六年（一八二三）に調査された勝五郎少年の再生譚については、興味深い二、三の点に気づく。勝五郎は江戸近郊農村の中野村の百姓源蔵の子供だが、八歳のとき、自分の前身は近隣の程窪《ほどくぼ》村の百姓藤五郎の子で藤蔵であるということをのべた。この件について両家の関係を、領主多門伝八郎が調べ上げて書類を提出した。篤胤はこの書類に基づいて、勝五郎に面接したのであった。

それによると、勝五郎の前身藤蔵は、疱瘡《ほうそう》にかかって六歳の折に死んでいる。墓もあって、命日は文化七年（一八一〇）二月四日であった。息が絶えて遺体が棺桶《かんおけ》の中に押し込められた時、その霊魂が体内から出たらしい。野辺《のべ》送りがあって「山へ葬りにもて行ときは、白く覆たる龕《がん》の上に乗りて行たり」と記されている。霊魂は肉体を離れ白色をした箱の上にとどまっているのである。

次に「白髪を長く打垂れて黒き衣服着たる翁《おきな》」が現われ、少年を誘い段々高処に連れて行った。そこは「奇麗なる芝原」で花が盛りであった。花の枝を手折ろうとすると「小さき鳥《からす》」が来て脅したという少年の記憶もあった。しばらくそこで遊んでいるが、やがて七月「庭火をたくとき家へ帰りたる」と、盆の迎え火を目指して生家を訪れたこともある。彼の翁と少年はいつも一緒に連れ添っていたが、ある時、翁が「あれなる家に入て生れよ」と指示した。そこで命ぜられるままに、その家の柿の木の下に三日間たたずみ、窓の穴より家内に入り、竈《かまど》の側にまた三日間いた。この場合、柿の木と竈が再生に意味をもつらしいことが暗示されている。この家の夫婦は正月元旦の夜性交した。妻が江戸へ奉公に行って三月になって懐妊していることがわかり、家へ戻って、十月十日《とつきとおか》に勝五郎が誕生したというのである。勝五郎は、前身の藤蔵だった時の家に連れてこられるが、彼が六歳の時とよく似ていると家族が証言しているという。また勝五郎は家人にだきかかえられると、藤蔵だった頃を思い出し、「向いの煙草屋の屋根を指さし、まえ方はあの屋根無かりし、あの木も無かりし」などと口走ったので、ますます真実味を帯びるに至ったという。

篤胤は、藤蔵から勝五郎に再生する過程の状況をしつこく聞いていた。そして問答している際物かげには五、六人の者を立ち会わせて公正をはかっていた。勝五郎を連れ歩いた翁が、白髪・白髭、白絹の衣服に黒い紋ぢらしのある袖、くくり袴《ばかま》で、足に外黒く内を赤く塗った丸い物の足の甲までかかる履物をつけていた異人姿であること、異人が「御岳様《みたけさま》」と呼ばれたらしいこと、さらにそれが仏僧ではなかったことを明らかにさせている。とくに仏事とか仏教臭のある行為を勝五郎が嫌う点も力説している。勝五郎が異人により保護されている点を必要以上に述べようとしている傾向がある。この異人は山伏の姿に近い。「仙境異聞」に記された仙童寅吉《とらきち》の場合にも、異人として描かれた山人《やまびと》の存在が想像されていたことからも推察できるだろう。

現世の生の世界とは別の他界の死の世界を支配しているのは、異人たる山人ではないかという観念がここにもうかがえる。現世に住む江戸町人からすると、幽冥界に住む山人こそ真の異人である。異人と異人の住む世界の実態を把握したい。そうすれば幽冥界の隠り世のほうから現世の全貌を見透すことができるにちがいない。再生譚にしろ、仙境譚にしろ、もともとそうした存在について篤胤は確信をもっていた。篤胤は和漢古今の文献を渉猟《しょうりょう》していた。再生転生については、妖魔や鬼神の仕業《しわざ》ではなく、神国日本では産土神《うぶすながみ》の管掌《かんしょう》するところだという認識があったのだが、実際に聞書きを行ってみると、産土神とは異なる異人の存在に出喰わしたのである。「御岳様」と抽象的に表現した背後には、山岳行者《ぎょうじゃ》の具体的な姿があったように思えるし、中国の道教の知識も盛り込まれた解釈もなされているのである。

仙童寅吉は、江戸と筑波山を往来したメッセンジャーとして描かれているが、寅吉を案内する山人は、天狗《てんぐ》であることが想像されている。天狗の実体は、組織化された修験者《しゅげんじゃ》たちをモデルにしたもので、空中を飛行して諸国の名山を練行している状態が報告されている。

このように篤胤は、幽界を決して観念的抽象化した存在とはとらえていなかった。むしろ現世に住む、とくに江戸に住む町人の日常生活次元にどのように位置づけられるかを明らかにしようとしていた。それは荒唐無稽《こうとうむけい》な架空の物語ではなく、人間の潜在意識にかかわる思想としてとらえようとしたといえよう。

篤胤の試みた学問は、日本人の日常性の課題としての他界に関するシェーマを展開させていたといっても過言ではない。これが後世の日本の民俗学にも送りこまれてくるのである。そして自国民による民族性研究の枠組みの中で、民俗学が展開していくのである。

4　二〇世紀初頭の民俗学

北ヨーロッパ諸国でも民俗学の研究が盛んに行われていた。スウェーデンではこの方面の研究を、〈民間の記憶〉と〈民間生活誌〉との二部門に分けている。前者は主として口承文芸の研究であり、後者はヨーロッパ諸国の民族誌にあたるものである。北ヨーロッパではドイツと同じように、民俗博物館の施設が各地にあり、そこを中心として研究が行われてきて、ほぼ二〇世紀初頭に学問としての組織化が果たされた。

とりわけフィンランドの民俗学は、《カレヴァラ》の研究で知られているクローン父子の業績は著名であり、息子のカールレ・クローンはアールネとともに説話研究の機関誌《FFC》を出し、『民俗学方法論』（一九二〇年）を刊行した。アールネは昔話の型とモティーフを分類し索引を完成した。これはアメリカのトムプソンが協力してさらに増補し、その新増訂版が完成している。

アメリカ民俗学

一方アメリカ民俗学は、一八八八年創刊の《民俗学雑誌》が一つの出発点となっており、のちにF・ボアズが編集し、ネイティブ・アメリカンやアフリカ系、ヨーロッパ系の移民集団の民間伝承の研究が行われた。そしてトムプソンの後、ドーソンがアメリカ民俗学の体系化につとめてきた。アメリカの民俗学は研究領域を当初口承文芸に限定したので昔話や民謡などの収集は膨大な量にのぼり、かつ索引や書目が完備していることが特色である。

欧米の民俗学は、一九世紀前半にほぼ基礎が固まったが、その基本姿勢は、民俗とは過去の残存物で、その調査収集は、過去の歴史再構成という前提があった。つまり文明社会における未開や古代の残存という位置づけである。しかし、近代化、都市化の進行に伴い、残存物そのものも消滅する方向にあり、その存立基盤の衰退に伴い、別な方向が模索されるに至った。とくにアメリカ民俗学の中に、アーバン・フォークロア、モダン・フォークロアによる都市民俗の分野が開拓され出したことが注目される。

アジアの民俗学

ところでアジアの民俗学に眼を向けると、中国においては、一九二七年の中山大学民俗学会の成立をもって、中国民俗学のスタートと解されている。機関誌《民俗週刊》は一〇〇冊近く刊行され、主として民間文芸研究に成果がみられていた。また韓国民俗学は、一九二〇年代後半に体系化がはじまっており、三二年に宋錫夏、孫晋泰らが中心となり朝鮮民俗学会が設立され、機関誌《朝鮮民俗》が刊行されている。東アジアにおける民俗学は、第二次世界大戦のため一時中断する形になったが、戦後は日本を含めて、比較民俗学の方向で交流が開始されてきている。

とりわけ韓国民俗学の活動は顕著であり機関誌《韓国民俗学》を中心に任東権、金泰坤、洪潤植、崔仁鶴らが集まっている。他に文化人類学、比較民俗学の研究団体も結成されており、日本の学界との交流が深い。一時立ち遅れていた中国民俗学も、少数民族の口承文芸研究を中心に研究者が増加してきている。こうした漢字文化圏の東アジアの民俗学は世界の民俗学の中でユニークな位置を占めており、日本を含めて、今後新しい動向が生まれると思われる。

参考文献

関敬吾「ヨーロッパ民俗学の成立と概観」『日本民俗学大系』1、平凡社、一九六二年。

関敬吾「日本民俗学の歴史」『日本民俗学大系』2、平凡社、一九六二年。

和歌森太郎『日本民俗学』弘文堂、一九五三年。

和歌森太郎編『日本民俗学講座5　民俗学の方法』朝倉書店、一九七六年。

宮本常一「民俗学への道」『宮本常一著作集』1、未来社、一九六八年。

宮田登『日本の民俗学』講談社学術文庫、一九七八年。

2　日本民俗学の先達たち

1　柳田国男と郷土研究

民俗学への第一歩

日本において科学としての民俗学の体系化を行ったのは、柳田国男である。各国にはそれぞれ民俗学前史に相当する学史があり、日本には、柳田以前の民俗認識論があった。それは古風なものへの関心にはじまり、過去を再構成するものであったが、柳田国男は、民俗学をたんなる古俗の詮索から脱却させ、すぐれて現代的課題にとり組むべき使命をもった学問として性格づけたのである。

柳田国男（一八七五〜一九六二）は、兵庫県神崎郡福崎町に生まれた。一三歳のとき長兄鼎《かなえ》のいる茨城県北相馬郡布川町布佐に移住した。幼少の頃より読書好きで、布川において江戸時代の民俗誌である赤松宗旦『利根川図志』などを読んでいる。一五歳で上京し、次兄井上通泰のもとに身を寄せ一高、東大の青春時代に文学活動にはげみ、森鷗外、田山花袋、島崎藤村らとの交流があった。東大では農政学を学び、明治三三年（一九〇〇）卒業後農商務省の官吏生活に入り、一方農政学者としての活動も行った。そして明治四〇年代に入り、急速に民俗学への道を歩みはじめたが、その契機となったのは、明治四一年の九州・中国旅行だといわれている。

そして明治四二～四三年にかけて『後狩詞記《のちのかりことばのき》』『遠野物語』『石神問答』とたてつづけに三冊を著わし、民俗学への第一歩を踏み出したのである。民俗学史上、民俗研究が普遍化していく道筋をつくったのは、一九一四年の高木敏雄と協力してつくった『郷土研究』の公刊である。郷土誌とか郷土史という表現は、郷土研究の一つの側面を示しているが、すべてではない。柳田国男による郷土研究の意義づけには、彼なりの独特な見解があった。それは二点である。ひとつは郷土研究が「郷土を研究しようとしたので無く、郷土で或ものを研究しようとして居た」こと。そこで「或もの」は何かというと、「日本人の生活、殊にこの民族の一団としての過去の経歴」なのである。

郷土研究は、つまるところ日本文化研究である。郷土人の意識を通して、まず郷土の生活を知ることを前提として、さらにそれを総合していくのである。こうした柳田国男の郷土研究に対する考え方とくらべて、当時の一般的理解はちがっていた。それは郷土誌や郷土史の編纂事業、郷土だけを研究することが、郷土研究の本義となるべきだとするものであった。それぞれの郷土の事情を明らかにすることでその目的が達成されたとみる郷土研究と柳田の視点との相違は、その後の日本民俗学の性格を知る上に重要な鍵といえるだろう。

郷土会

柳田の郷土研究の基礎となったのは、郷土会であった。郷土会は明治四三年(一九一〇)一二月に創立された。同年九月に柳田は石黒忠篤と会い、両者が同じ学問を志していることを確認している。また柳田は一〇月から法政大学で農政学の講義をはじめており、一二月四日には、新渡戸稲造宅で、郷土会の初会合が持たれている。

ここでは新渡戸稲造の存在がきわめて重要だった。彼は文久二年(一八六二)南部藩士新渡戸十次郎の三男として生まれ、上京してから東京英語学校に学び、のちに札幌農学校に学んだ。その際キリスト教の洗礼を受けた。さらに東京帝国大学に入り、アメリカ、ドイツに留学し、明治二四年(一八九一)に帰国、札幌農学校教授となり、そこで農政学について講じた。代表作『農業本論』(明治三一＝一八九八年)はその間に書かれたものだが、その趣旨は日本の近代化の過程で、農業が犠牲となることを批判し、農業を軽視しては、国の発展のあり得ぬことを説いた。ただし単なる農本主義とはちがい、農業と並んで商工業の発展がともに行われねばならぬこと、それが国運の隆盛に連なるという点も強調されている。日本の零細農民を政治的・経済的・思想的に解放しなければならないとして、そのために、農民たちの地方的特殊性や郷土色を尊重する地方行政に多大の関心を寄せ、その関心を具体化したのが、すなわち郷土会だという指摘もある。

この新渡戸を中心とする「郷土会」には、柳田の他、石黒忠篤(農政)、木村修三(農政)、正木助次郎(人文地理)、牧口常三郎(人文地理、教育思想家、創価学会創設者)、小野武夫（農政）、小田内通敏（人文地理）、十時弥《とときわたる》（社会）らその他、多岐にわたる専門家が出席し、それはむしろ人類学や、民俗学関係者でない人びとであった。研究活動は新渡戸の邸内で行われ、会員各自の見聞の報告が中心で、農村生活に関する知識や意見が交換された。この研究会の様子は、のちに雑誌『郷土研究』に報告され、また柳田によって『郷土会記録』としてまとめられた。

その記事をみると、当時の会員たちの談論風発、サロン風の様子がよくわかる。会員のその時点の興味が自由に開陳されているが、ここに一つの方向が示され出したことは重要であった。つまり柳田が、「郷土研究に総論の必要になつて来たこと、ヂレツタントの集合が専門家の代用になりにくいことなど、此会合の為に次第に痛切に感ぜられたのも、亦一箇の副産物と見ることが出来る」（『郷土会記録』一七〇頁）と述べたことである。たんに郷土に関する話題の提供といった段階を、さらにもう一歩前進させる方向が柳田にはあった。それは郷土研究に基礎を置いた学問体系を見出そうという意図なのである。

郷土会活動の内容は、郷土会記事によってほぼ推察されるのであるが、それぞれの発表内容をみると、まず、郷土＝ムラ＝地域住民のまとまりを地理学的に正確に観察しようとする態度があった。

次に郷土の社会変動を軸に構成した方向があり、それはさらに東京の近郊農村の都市化現象を正面からとらえようとする民俗誌へと志向していた。

最初の民俗調査

日本で最初の民俗調査を実施したのは、「郷土会」のグループだった。メンバーのそれぞれの分野は異なっていたが、郷土研究という名目で一致していた。大正七年（一九一八）神奈川県津久井郡内郷村がそのフィールドとなった。「私だけの実験は、一言を以て申せば村落調査と云うものは、非常に面白いと同時に、非常にむつかしい仕事だと云う、是だけであります」（「相州内郷村の話」）と柳田は調査の感想を語っている。

実際、どのように具体的調査がなされたのかは柳田の簡単なレポートがあるだけで、不十分である。その折長谷川一郎とともに案内した地元研究者の鈴木重光による『相州内郷村話』（大正一三＝一九二四年）は、柳田の指導にあずかって完成したモノグラフであり、多分に郷土会による調査の影響を受けたと思われる。

これをみると、地域としての内郷村の輪郭を聞書きによって描いている。まず山伏や天狗、狸和尚、その他の古譚類をまとめ、次に鳥獣虫類、植物に関する話を大量に収めた。俗謡や遊び、謎々、早言葉その他口承文芸に関するスペースが多くとられているのも一つの特徴であった。しかしここには村の変貌という視点はとられていない。むしろ、より古い記録を「今のうちに集録して置かなくてはと思い立って」（『相州内郷村話』一頁）、鈴木重光がまとめたのである。この視点はまた柳田国男の意図するところでもあったと思われる。

「郷土研究に総論が必要になって来た」と柳田は記しているが、農村生活誌が郷土単位で構成され、そこから日本人全体の国民生活誌、民俗生活誌の体系化をはかろうとする意図であり、それは内郷村の村落調査の段階に芽生えていたのである。

ちょうど大正七年ごろに、各地の村の民間伝承のあり方に一つの傾向が出ていた。つまり旧い事はそのままいい伝えるという村人の姿勢が次第に失われつつあったことである。それは当時の古老が、明治二〇年代の若者であった頃、ちょうど文明開化の波に洗われ、何かと新しがりやになったため、昔ながらの風俗習慣になじむことをさける傾向があり、これが民俗の伝承に大きな影響を与えたという。また明治になって、小学校教育が民間に普及して、文字を十分に知らなかった時代の生活を陋習《ろうしゅう》とけなし出した。記憶力の良い子供たちが、せっかく祖父母から聞きおぼえようとした昔話の類が、そのため消滅してしまったというのである。日本の農村はすでに前代の残存を民俗として定着させていた時代からかなりの距《へだた》りがあった。それは東京周辺の近郊農村や神奈川県の山間部にも生じつつあった。もはやより古型を示す口碑や古老の話を収集できそうもないという認識がなされつつあったのである。

たとえば内郷村では、もうこの時点で盆踊りが行われていなかった。村の若者が盆休みに浴衣を着てのんびり談笑する光景はあったが、死者の霊を慰むべきはずの念仏踊りはしない。村人の記憶によっても、前からやっていないという。天保年間から関東地方にはじまった農村の変貌のプロセスによるものか、飢饉と凶災の連続が中止に追いこんだのか、また明治以後の警察の干渉によるものか不明だという。祭りにともなう神輿《みこし》もやはり「前から」なくなっている。しかしかつて神輿渡御《とぎょ》の際に安置した地点とおぼしき輿塚の地名は残っていた。家々の年中行事にしても、明治維新以後の改廃が著しい。とくに家の娘かあるいは嫁が女学校を出ていると、「雑煮の汁加減」も変わるという。こうした村の外からの知的刺激が民俗のあり方を変えていくと柳田は指摘している。

郷土研究を出発点として村の民俗調査がたんなる好事家的穿鑿《せんさく》に終わらないことを心がけたが、そのためには、村である郷土の生活が、どの点で昔のほうがより幸福であり、どういう点で今の時代の影響を受けているのか、または受けていないのかという観点をもつ必要があると柳田は説いていた。

郷土生活の研究法

昭和一〇年にまとめられた『郷土生活の研究法』は柳田の郷土研究の理論化であるが、そこには、郷土研究の方法をすすめていき、やがてそれは世界的規模の民俗学に達するという方向を示唆している。この場合、民俗の相互連絡と比較調査が、郷土を単位として行われることが大きな前提だった。

しかしこの郷土研究の方法は、世間の眼からみるときわめて悠長なやり方と思われる。とくに郷土研究をすすめていき、やがて世界民俗学に到るという道程は、はるかなものである。「各地各種族の千差万別の生活誌を、細かく分類して標本を作り、それを隈なく検定してから、始めて総論が出来ようという世界民俗学が、そう短日月に成立する筈はない」(『郷土生活の研究法』)と柳田国男はのべており、だから中間報告でもよいから利用すべきものは利用しなくてはならないという。つまり自国内でわかっていることだけでもよいから、集積しておき仮説を試みる作業の必要性を説いている。このことは、日本において当時農村事情が悪化しており、それに対して何ら学問が応ずることができないことが残念だという反省に立っての発言でもあった。

郷土が崩壊していくという眼前の事実に対して、一方で一国民俗学による日本研究のあり方を唱えつつも、これが世界民俗学に連なっていく以前に、郷土を確実な研究対象とすることによって学問による経世済民の理念が存することを柳田は説いたのであった。

学問の実用ということは難しいことだが、それを「眼前の疑問への解答」という形で、柳田の郷土研究は提唱され、民俗学に引き継がれていくのである。

2　南方熊楠の比較文化論

南方の批判

さて『郷土研究』をめぐって、柳田国男と南方熊楠《みなかたくまくす》が対立した点も民俗学史上見逃せない。南方熊楠は「『郷土研究』の記者に与える書」を発表し、『郷土研究』の編集方針を批判したことはよく知られている。南方は『郷土研究』が地方経済・地方制度に関する研究をとり上げるべき性格を持つことを主張し、「このさい郷土会の人々奮発してなるべく一人一論ずつ、またはせめて質問だけにても多く出さるべきなり」（飯倉照平編『柳田国男南方熊楠往復書簡集』三七七頁）と記している。

これに対して柳田国男は、『郷土研究』が農村生活誌を目指していることをのべ、「郷土会の諸君がもっと経済生活の問題に筆を執れということ、これも記者の力には及びませぬ。郷土会は名は似ていても『郷土研究』の身内ではありませぬ。雑誌にとっては南方氏同様の賓客であります。否同氏以上の珍客であります。たまたま記者がその講演を筆記する以外には、とんと原稿も下されませぬ。この会の諸君が南方氏ほど本誌の成長に熱心であったら、きっと満足すべき雑誌が今少し早くできたでしょう。何となればこの会に属する人々は皆趣味の深い田舎の生活を知り抜いている人ですから」（前掲書、三八一頁）と意見の相違をなかば皮肉をこめた調子でのべている。

南方熊楠観

これまでも南方熊楠（一八六七〜一九四一）は、しばしば柳田国男と対比して論じられていた。柳田も回想して、「我が南方先生ばかりは、どこの隅を尋ねて見ても、是だけが世間並みといふものが、ちよつと捜し出せさうにも無いのである。七十何年の一生の殆と全部が、普通の人の為し得ないことのみを以て構成せられて居る」「我邦では万国無比を誇りとし、他国も同じなど言はれることをひどくいやがつて、比較の学問が久しく起らなかつた。五十年も昔にブリストルの大会に出て、南方氏が講演せられた『祭と斎忌』の問題などは今やつとのことで私たちが考へて見ようとして居るのである」などと南方を顕彰している。

南方は、慶応三年（一八六七）四月一五日に、和歌山の金物商南方弥兵衛の次男として生まれた。幼少の頃より学問を好み、八、九歳の頃より、書籍を求め、『和漢三才図会』一〇五巻の書写をはじめ、『本草綱目』『諸国名所図会』『大和本草』などを一二〜一五歳の頃までに写しとったというのだから、正に端倪《たんげい》すべからざる才能だった。和歌山中学を卒業後、上京して、明治一七年（一八八四）に大学予備門に入学、中途退学して、二〇歳の時にアメリカにわたり爾来一五年間海外生活を送った。

大英博物館では、主として考古学、人類学、宗教部に自由に出入りすることになり、南方の学問の形成に深い影響を与えたのである。この間の研究活動の成果は、主として『ノーツ・エンド・キーリス』に発表されている。ところでケンブリッヂ大学に日本学の講座を設ける計画があり、南方は助教授に就任する予定だったらしいが、南阿戦争が永続化したため、日本学講座の話も立消えとなり、彼は帰国の途についた。時に一九〇〇年、三四歳であった。

帰国後、紀伊半島を中心にもっぱら菌類の採集に従事していたが、一方では民俗学に関する論文を次々と発表した。一九一一年二月に『東京人類学雑誌』に発表した「山神オコゼ魚を好むこと」は、柳田の「山神と『ヲコゼ』」に触発されたものであり、ここに両者の学問的交流がはじまったのである。

つづいて南方の神社合祀反対が、一九〇九年に開始された。そして柳田がこれを積極的に支持したことも、よく知られている。

3　柳田と南方の差異

人類文化の普遍性

日本民俗学の柳田国男と、南方の学問の差異については、大雑把にいうならば、南方の学問が比較民俗学、比較文化論的観点に支えられ、日本的な文化の型をとらえながらも、終極的には、人類文化の普遍性を解明しようとしたのに対し、柳田の民俗学は、一国民俗学の観点から、あくまで国内の民俗事象の比較によって、原初的な日本文化の型を発見しようとしたことにある。柳田にとってみれば南方の資料操作は危険視されるものであった。柳田はまず国内において資料の同質性と異質性を見極め、その後に隣接諸国の民俗学の成果と比較をおしすすめ、終極的には世界民俗学になるのだという志向を表明していたが、そうした慎重さが柳田民俗学を、一国民俗学に押し込めるような錯覚を与えてしまったといえる。そして後世、日本民俗学が日本文化の固有性の解明に終始するのが本意であるかのような結果をもたらしたのであった。

その点南方の方法は、一国の民俗資料を徹底的に総覧したものではなかったが、民族ごとの固有とか特殊性を前提とする傾向をもたないため、スケールの大きい比較を通して、人類史にとっての民俗文化のもつ位置を有効にさせる視野を人びとに与えたといえるだろう。

とはいうものの、南方と柳田という二人の先達の民俗学に対する影響は計り知れないものがあることは誰もが認めるところであった。

前述の『郷土研究』編集方針をめぐる両者の対立は奇しくも両者の民俗学観の差異を明確にさせることになった。南方は郷土研究を経済・制度といった社会事象を枢軸に構成し、他の文明民族との比較を前提とした体系を考えていた。一方柳田は、農村生活誌を軸とした郷土研究を構成し、やがて国民生活変遷誌の民俗学を発展させようとする意図をもっていたのである。

かくて日本民俗学における二人の先達の意図は、歴史学＝民衆生活史、一国民俗学の民俗学と、人類学＝比較文化論、比較民俗学といった後代の学問展開へと連なっていくのである。

柳田民俗学の基本

昭和一〇年代の柳田による日本民俗学の体系化は『郷土生活の研究法』（一九三五年）、『民間伝承論』（一九三四年）、『国史と民俗学』（一九三五年）の中で説かれている。柳田は、郷土研究がフォークロアの学であることを述べ、またエスノロジー（民族学）との関係から民間伝承学という名称を用いてもいる。土俗学と表現された段階では、フォークロアとエスノロジーの区別はなかったが、郷土研究の段階では、民間伝承を採集する目的や方法に特徴があり、エスノロジーが文献重視の学問の方向をもつことと区別しようとする意識がみられた。そして一方で民俗学は一国民俗学という規定に至るのである。柳田は民俗の対象を有形文化、言語芸術、心意現象の三部門に分類し、第三部門の心意現象の究明に重点を置こうとしたがその点に、柳田民俗学と称される特色があったといえる。そして当時の国史学における政治史偏重を批判し、日常生活の歴史を再構成することを民俗学の役割として強調していた。

4　折口信夫と渋沢敬三

常世・まれ人

一方柳田が十分にとらえきれなかった分野で、日本民俗学の形成に与《あずか》った筆頭が、折口信《おりくちしの》夫《ぶ》であった。

折口は、古代研究に民俗学的方法を導入した先達であるが、その思考は日本の民俗学の発展に大きな影響を与えた。とりわけ「妣《ひ》の国・常世の国・まれ人信仰」は、折口の民俗学的・国文学的研究の基本思想をなすものであった。

「常世の国」は、沖縄のニライカナイの観念によって説明される。ニライカナイは海のかなたの理想の国土で、神の国であり、神はここから人間の村に来る。人は死んでまたニライカナイに戻って、神となる。この浄土の名を「やまの国」ともいった。まれ人は「時を定めて来り臨む神、富みと齢と其他若干の幸福とをもたらす神であつた。古くは海のあなたの国から初春ごとに渡り来て、一年中の予言《かねごと》を与えて去つた」という。さらにまれ人の内容も分化され、地上の神々も含むようになり、来り臨むまれ人の数も多くなって、やがて旅の大道芸人たちも来訪する神の扮装した神人の変化とみなされるようになった。

渋沢敬三たち

そのほかにも、同時代にアチック・ミューゼアム（のちの日本常民文化研究所）を主宰し民具の収集研究や漁村史料の刊行などを行った渋沢敬三、盲人・性などをはじめ多岐にわたる問題を論じた中山太郎、福神・つきもの・被差別民などを扱った喜田貞吉《きたさだきち》、民俗芸能や山村離島の詳細な民俗誌をつくり上げた早川孝太郎、また渋沢の系統をひきつつ常民文化の全体像をつねに民俗誌をつくり上げながらとらえた宮本常一《みやもとつねいち》らがいる。また近年再評価されている赤松啓介は、終始一貫柳田民俗学を批判しつづけながら、独自の民俗調査をつづけ、性や被差別についての重要な指摘を行った。

参考文献

後藤総一郎監修『柳田国男伝』三一書房、一九八八年。
植松明石、瀬川清子編『日本民俗学のエッセンス』ぺりかん社、一九七九年。
柳田国男「郷土生活の研究法」『定本柳田国男集』第二五巻、筑摩書房。
谷川健一「柳田学と折口学」『谷川健一著作集』第三巻、三一書房、一九八三年。

西村亨編『折口信夫事典』大修館書店、一九八八年。
伊藤幹治『柳田国男 学問と視点』潮出版、一九七五年。
鶴見和子『南方熊楠』講談社、一九七八年。
宮本常一『宮本常一著作集』、未来社、一九六八〜二〇一二年。
飯倉照平『南方熊楠 人と思想』平凡社、一九七四年。
赤松啓介『復刻民俗学』明石書店、一九八八年。

3　常民と常民性

1　常民の位置づけ

常民の規定

日本の民俗学の起礎概念の一つに「常民」がある。この概念は、郷土研究の段階において、まず郷土生活の担い手として措定された。

柳田国男『郷土生活の研究法』の「村」の項では、郷土の中における常民を想定し「常民即ち極く普通の百姓」であり、「住民の大部分を占めてゐた」存在だとしている。したがって「村のオモダチ（重立）」「オホヤ（大家）」「オヤカタ（親方）」の村の上級に属する者と、「諸職とか諸道」「例へば道心坊や、鍛冶屋、桶屋など」農民より下級に位置する者などは、「常民」からは除かれている。

この「常民」の属性を考えると、まず定着農耕民であったこと。具体的には近世封建社会下の村落内にあって、土地持ちのいわゆる本百姓に想定される存在だった。土地を持ち、それを耕し安定した日常生活を営むことが、そのまま一つの生活文化体系を形成したといえる。のちに「常民」が実体概念を離れた時、日本文化の中で日常生活体系全般を包括する文化概念に変化したのであるが、その基礎には理念型としての「常民」が前提としてあった。「常民」は、基本的には文字文化をもたなかったといえる。しかし一方では文字文化の影響を深く受けていた。村の上層を占める約一割程度の者たちが日常文字を使っていたことは、文献史学の成果によって知ることができる。貴族・武士・僧侶そして、村の上流階層の者たちが構成した有文字社会の文化は、表層文化として把握されるものだが、「常民」の日常文化は文字を直接媒介とせず、言語・行為を通じて伝承されていくものであり、こうした「常民」が郷土研究を軸とする民俗学の対象の中心となっていたのである。

郷土の住民たちの心意は、「常民」の日常生活体系の分析によって抽象化され得るということが、民俗学成立の前提条件といえる。しかし柳田が「常民」を措定した段階においても、すでに「常民」の実体は消滅化の方向をたどっていたことも明らかであった。原初的な意味での「常民」はすでに存在しないが、「常民」が創造した文化体系は、くり返し伝承され現在にまで及んでいるということになる。近代化・都市化の社会現象は、こうした郷土と「常民」の存在意義を失わせた故に、逆に民俗学が、近代化に対するアンチテーゼを確立させる目的を帯びることにもなったのである。

ところが、「常民」概念の受けとめ方には、その時々において、変化がみられた。

昭和二六年刊の柳田国男監修『民俗学辞典』の「常民」の項には、「民間伝承を保持している階層をいう。英語のフォーク folk, ドイツ語の Volk に該当する語として柳田国男が用い、今では民俗学界は勿論、その他でも次第に承認されている用語。日本語で平民や庶民というと貴族や武家の対語のように思われ、また人民・大衆・民衆という言葉には政治的語感がともないがちであるために、この新造語が用いられたのである」としている。この規定はかなりはっきりした表現と受けとめられる。すなわち、常民は一つの階層を示すものであり、庶民、人民、民衆といった既成概念とは若干ニュアンスが異なる存在と理解される内容なのである。

さらに「常民が前論理的・連想的な思考形式をとり、模倣的保守的な生活態度をもつところの無識層であるということは否定することができない」としている。つまり常民は知識人ではない無識層に該当している。無識層と有識層は、民間伝承を保持している階層と、そうでない階層とに対応する。いわば下層文化と上層文化という文化概念における二項対立に相当するものだろう。ここに一つの問題が生じてくる。常民は、民間伝承を保持する階層という規定は明快だが、「日本のように階級の転移がはなはだしく、且つ中央と地方、皇室や幕府と民間との間で文化の交流のさかんにおこなわれた国では、その区別が困難なのである」といういい方となっている。したがって日本においては、常民という階層は、実体としてはとらえ難いという理解なのである。

常民性の発想

昭和四七年刊の大塚民俗学会編『日本民俗事典』の「常民」の項をみると、「民俗学上の概念としての常民は、民間伝承保持者ともいうべきもので、folklore の主体である folk, Volk である」としている。民間伝承保持者という規定は、民間伝承を保持する階層と同じである。さらに「階級や身分を基準にするのでなく、文化的観点から、その創造的活動につとめる側面が比較的薄く、くりかえしの類型的文化感覚に執着している人たちをいう」とのべられており、常民が階級性とは無関係の存在であること、そして一つの文化概念であることが明示されている。加えて、次の指摘もある。「創造的個性的文化活動にあたる、知性・理性の強いものといえども、日々それに時間を使っているわけではないから、若干の常民性を具えていることになる。したがって、完全に常民といえるものがここにおると指摘しがたいものがある。パターンとしてそういう性格の類型を民族の中にとらえうるということである」という。

常民性という表現が用いられることによって、実体としての常民は否定されることになった。そして常民性という語が新たにまた文化類型として擬せられていることも明らかといえる。

右の二つの辞典における「常民」の説明には、執筆された段階の時間差をほとんど感じさせていない。つまり昭和二六年前後、当時の日本民俗学界内での理論的課題が論議されていた時点で、学界共通理解の常民概念が、ほぼ固定化したといえる。常民が実体概念ではなくて、一つの文化概念であって、さらに常民性の適用によって、さらに拡大化された説明概念に成り得るという点は、後者の説明でよりいっそう明確なものとなってきている。

2　常民論

早川孝太郎の考え

早川孝太郎の説も、常民を階層としてとらえる点が明確であった。

「第一に職業的農業者が浮上って来る。しかもこの階層は量的にも全国民中の四十五％以上を占めて居り、その上に、漁撈《ぎょろう》・狩猟者をはじめ、一部工業者の大部分も事実上含まれるから、これを常民階層の実際の存在分野と見る事も出来る。勿論これ以外の職業者又は都市居住者中にも、常民的範疇《はんちゅう》に加わる者も多いことは言うまでもない」（「民俗学と常民」）という。ここでは社会層としての常民の実体が確認されている。早川は常民を弁別する有知識・無知識といった基準とは別に、生活手段としての生産・非生産の関係を基準に置くべきことを提示した。したがって常民は生産階層に該当するのであり、これに加えて直接生産にあたらなくても、生産をめぐる業務（交易、運搬、加工）に携わる人びとを準生産者として、常民に加えている。さらに都市居住者を常民の範疇に加える点において、早川の見解には特徴がある。

早川が、常民を階層として把握することに積極的だったのは、たぶん常民の語を当時の朝鮮民族の中に発見していたためだろうと思われる。常民は朝鮮においては、庶民の語と並立していて両班《ヤンバン》と賤民《せんみん》の中間に位置する階層であり、ふつうの人民を指している。これを日本にあてはめてみると、「封建社会に於ける武士階級に対する百姓」ということになる。

しかし早川も常民を階層と判断しながら、常民にはその範疇にのみ限定し得ない要素のあることを予測していた。それは文化現象としての常民の性格である。早川はこれを常民文化という文化概念でとらえることを考えている。常民文化はいわゆる国民文化、大衆文化ではない。常民層の生活の基底をなす文化構造だとしている。「見方に依れば、ほんとうの民族的伝統を生活体制とする階層」と表現することによって、常民が実体を伴いつつも、文化構造論の中でも把握できるという理解を示しているとみてよいだろう。

渋沢敬三の仕事

常民階層論を打ち出してその具体的な仕事を示したのは渋沢敬三であった。早川も渋沢からの影響を受けていたことは周知の事実であった。

渋沢敬三は、昭和一七年（一九四二）に、アチック・ミューゼアムを日本常民文化研究所の名称に変更して、常民の名称を正面きって用いたが、この際渋沢の念頭には、「常民とは庶民、衆庶《しゅうしょ》等の語感を避け、貴族、武家、僧侶階層等を除くコンモンピープルの意として用い出せるもの」という理解があったといわれる。明らかにこれは階層性を伴った概念規定であり、農山漁村だけでなく市街地を合わせた地域社会の住民であって、農工商にわたる階層といえるだろう。渋沢のこの考え方は、昭和初期にほぼ固定したものである。

柳田国男の常民観

柳田国男が、渋沢より早く常民の語を用いたことは周知の事実である。しかし柳田の常民概念がかならずしも明確でないことは、従来多くの人びとによって指摘されてきた。すでに明治末年に常民の語を用いはじめているが、有賀喜左衛門によると、大正時代には、柳田は常民よりも、平民の語を多用しているという。昭和初期には、常民は平民とほぼ同じくらい使用されており、昭和一〇年（一九三五）に入るや、がぜん常民が中心になるという。このような常民、平民、庶民などの混用は、とりも直さず柳田自身、常民をまだ成熟した意味としてとらえていなかったと受け取られる。

だが柳田民俗学の文脈の上で、昭和一〇年前後が、画期的な時点であることは、『民間伝承論』『郷土生活の研究法』『国史と民俗学』の一連の方法論にかかわる著作が公刊されたことで明らかであり、その時点で常民概念に対する柳田なりの確定も行われたという判断はなされてよいだろう。

常民の内実は、農民であって、農民の中でも限定された存在である。先にも述べたように、村落内の住民であるが、農業を主業としつつも、村の中で上層と下層の中間に位置する階層だという。この常民の日常性文化が日本歴史の中に占める意義づけを柳田民俗学が行ったということになるが、その際常民は階級を超えた観点でとらえられるという特徴をもつ。

さて昭和三〇年代の柳田が示した常民観については、すでに多くの識者が指摘するように大きな特徴があった。その発言は、座談会の席上でなされたもので、論説として提示されたものではないが、柳田の見解を代表するとみられている。

庶民をさけたのです。庶民には既定の内容がすでに定まり、それに理屈はいくらでもあるのですが、常民には畏《おそ》れおおい話ですが皇室の方々も入っておいでになる。普通としてやっておられたことなんです。維新前にごく普通としてやっておられたことで、そういうことが入っておりますから、ですから常民は庶民とおのずから分って、庶民というときにはわれわれより低いもの、インテリより低いものという心持ちがありますし、常民というときは英語でもコンモンという言葉を使う。（中略）平民という言葉はつい士族という言葉と対立するので、それも使わないとすると、なにかイギリスのコンモンという言葉が使いたいというので、私よりおそらく渋沢君などのほうが早いかもしれませんけれども、それを是認したのはわれわれで、ことによったら古風な奥方などは、華族さん、お大名の奥方も結局ごく低いところの階級と同じですね、その意味で常という言葉を使ったのです。（『近代文学』昭和三二年一月号）

ここで注目されるのは、常民が庶民でない理由として、皇室、華族、士族などの日常的生活つまり「常」の部分があって、そこに常民たるゆえんが示されるのだとする考え方であった。つまり「常」は、上層階級、下層階級ともに共有されるのである。「常」で表現される実態がすなわち常民の存在の根拠となるわけである。

竹田聴洲の考え方

この観点をさらに敷衍《ふえん》した竹田聴洲《たけだちょうしゅう》の考え方がある。まず日本国民の生活文化は、「常」と「非常」の二つの契機に区分され、後者は通常歴史学の対象となってきたとし、「『常民』とは、視覚の如何《いかん》によって時代別・地域別・階層別など種々に区分されうる当体としての国民生活文化を『常』の契機で捉《とら》えたものに外ならない」としている。竹田の論旨の特徴的なことは、常民が「常の民」よりはむしろ「民の常」の意であり、人間の種類ではなくして「文化の種類」だとしたことにあった。「民の常」は常民が文化概念である点を巧みに表現した語であるといえよう。

民の常なる部分は、すなわち常民文化であって、それは「時空二面にわたる全国民生活文化の半身」であるという。換言すればそれは常民性という文化概念を有力な武器として、日本人の生活文化を分析する視点が明確になったといえる。「国民生活文化の『常』態と『非常』態との区分は、時代や地域や階層などによる区分とは別個の原理によるものであるから、過去の時代を捨てて現代のみをとり、都市を捨てて村落のみをとり、上流（有識）階層を捨てて下層ないし無知識のみを選取することは、常と非常との区分の純粋性を別の原理に基づく区分によって混濁《こんだく》させるものに外ならない」。こうした竹田の指摘は、日本民俗学が柳田の抽象概念としての常民に対する発言を受けて、体系づけた常民観の一つの帰結点を示すものであった。

3 「常民」の相対化

常民の新しい理解

常民が柳田国男、渋沢敬三らの理解から発して、次第に実体よりも抽象化される側面を具備するに至ったことは、他の類似の概念にみられぬことであって、そのためこれが基礎概念として定着するまでに、多くの試行錯誤が生じていたのである。ごく妥当とされた見解は、抽象性を帯びた文化概念の常民が常民性という表現のもとに、多く活用されることだった。これは便利な使い方であるし、民俗文化の位置づけに適当だった。しかし一方、階層を示す実体としての常民があり、これは民衆の中の常民の部分とした範囲で有効であって、むしろ歴史学の構成要素として民衆生活史の分野に位置づけられてくる。

ところで近年「常民」理解に新しい展開がなされている。従来の考え方からいうと「常民」は、水田稲作農耕民の人生観や世界観を分析することによって構成されていた。そして水田稲作農耕民に偏重している傾向が強かった。これに対して、水田稲作と対比される畑作農耕の存在が強く主張されてくる。畑作農耕は、焼畑耕作を背景に、狩猟などの山地の生業《なりわい》を含んだ文化をもっていた。山地を中心とした畑作農耕は、水田稲作を中心とする社会に吸収される歴史的経過をたどったが、水田稲作農耕文化に大きな影響を与えたと考えられている。周知のように、現代日本の農業は稲作りを中心にしている。ところが歴史的に見ると、農民たちは、稲以外にじつにさまざまな作物を作ってきた。そして稲米は、日常の食物としてよりは、神祭りのときの神饌《しんせん》として意味をもっていたのである。麦・粟《あわ》・稗《ひえ》・イモなど、畑作物はきわめて豊富だったことから、畑作農耕を中心とした社会や文化の系譜を体系化したらどうだろうか、という問題が提出されたのである。このように「常民」の内容を相対化していく考え方は、民俗学研究の一つの方向となっている。

平地民、山民、海民と都市民

たとえば、平地民に対して山民という考え方、山民と海民という対比の仕方、また平地民を中間において山民と海民を結びつけるとらえ方等々、こうした対立項を設定することは、民俗の全体像を見渡すために、必要であろう。

基層文化の概念は、表層文化を想定した上に成り立っていた。農民・山民・漁民などが形成する基層文化に対して、貴族・武士・町人たちの知識人層を主体とする表層文化を置く。そして表層から基層への沈降といった現象だけでなく、基層から表層への上昇、両者の交流といった対等な立場からの対比も行われなければならないだろう。

またマチとムラという対比の仕方もある。従来の民俗研究の蓄積は、ほとんどムラのほうに偏っていたことも明らかである。ムラを構成しているのは、農民・山民・漁民が中心であり、マチのほうは、貴族・武士・町人（商人と職人）が主であった。現代都市では、貴族・武士の階層にかわってサラリーマン階層が主流を占めている。これまでムラの中に「常民」

の部分が多くあるという理解があり、それが一つの前提となって、ムラを通して、民俗研究が行われてきたのである。こうしたムラ偏重の方向に対して、マチ場の民俗を再発見する気運が強まってきた。すなわち都市民俗の一面がクローズアップされてきたのである。日本には、都市の歴史的伝統は深い。京都のような古代からの伝統をもつマチもあるが、多くは、近世に発達した城下町や宿場町・門前町・商業町等々である。そして江戸・東京などに代表されるように、多くの場合、多様な町場の複合した都市空間が形成されている。そこでマチの民俗が、独自に形成されてきていることを前提に、ムラと同様に、調査・研究の対象となってもおかしくないはずである。その場合、マチはつねにマチの周辺部のムラとの交流を背景にとらえていく必要があるのであろう。なぜなら日本のマチは、ムラを母胎にして展開し、やがて独自性をもつに至ったからである。常民の相対化がこのような新しい方向を生みだしてきたといえるのである。

参考文献

福田アジオ『日本民俗学方法序説』弘文堂、一九八四年。
宮田登『日本の民俗学』講談社学術文庫、一九七八年。
柳田国男「郷土生活の研究法」『定本 柳田国男集』第二五巻、筑摩書房。
福田アジオ、宮田登編『日本民俗学概論』吉川弘文館、一九八三年。

4　ハレとケそしてケガレ

1　ハレとケの対立

ハレとケ

民俗学の基礎概念としては、前回とり上げた常民がある。「常民」を一つの文化概念とみるならば、それは水田稲作農耕民の日常生活文化の総体をとらえている概念といえる。この「常民」を分析するための分析概念として用意されたのが、ハレとケである。

このような民俗学理論が組み立てられる前提には、永い年月にわたる農山漁村の民俗調査があったが、現代社会において「常民」について検討した場合、柳田国男の発想でとらえられていた「常民」の農民的性格は消滅したといえよう。しかし農民以外の地域住民の中にある生活文化と農民の持っていた生活文化とは、日本の場合、明確に区別されてはおらず、農業民、非農業民の両者は、日常生活文化体系を作るうえで、相互補完関係で寄与しあっていたと考えられる。この「常民」を形づくっている心意の基準となるのがハレとケという考え方なのであり、まずこの点に注目してみよう。

ハレとケという考え方は、柳田民俗学の中では、重要な存在であった。一般にハレの日とケの日を截然《せつぜん》と区別させ、ハレに伴う儀礼、ハレに伴う食事、ハレに伴う住居、ハレに伴う着物、それに対してケに伴う衣・食・住に含まれるさまざまな要素が、相互に対立するものと理解されてきた。

しかしハレとケとの対立は、現実にはもうほとんどなくなってきており、両者はすでに混同してしまっていることも指摘されている。

しかし、かつてハレとケの対立あるいは峻別《しゅんべつ》がはっきりなされていた点を、確認しておく必要があろう。たとえば、都会を標準とした生活ではすでに考えられなくなったものであるが、近世農村のふつうの農民の食生活の中では、年に数回だけ米の飯を食べる日があり、そうした日をハレの日と称していた。

ハレの日

つまりハレの日とは、白米を食べる日であり、材料、作り方、食べ方に、ふだんでないやり方があった。それは臨時の食物であり、カワリモノともよばれる。粉食では粢《きび》、餅、団子、粒食では、強飯《こわめし》、赤飯、小豆餅があり、とくに小豆で赤い色に染めた食物が強調された。米食する者は、都会生活の中で激増したが、逆に米の生産に携わる農民は、米に雑穀を混ぜたり、雑穀だけで済ませていた。白米の飯は、稲作民のシンボルであることは明らかであった。一年三六五日のうち、白米を食べる日に限りがあり、これがハレの日であったとすれば、特別の食物を作る目的は、人が食べるよりも、神への供物のためであったことが明らかである。

よくいわれる「怠け者の節句働き」とか「フユジの節句働き」という表現は、その日が神祭りのための休み日であり、物忌みに従うべき日なのに、日頃怠けていたために休み日に働いているということを嘲笑する意味である。フユジは不精者《ぶしょうもの》という意味でムラの掟《おきて》にそむく者として以前は非難の対象でもあった。

祭りの日

では、なぜ、ふだんの日とちがって神祭りをするのだろうか。白米を捧げるということは、明らかに来臨する神が、稲の神であること、あるいは稲の食物を好む神であることを示している。この考え方の基礎には、長い伝統的な定着農耕民の日常生活感覚があった。稲の種子を蒔《ま》き、収穫までの期間が一つのサイクルを構成するのであり、そのサイクルが順調に進展することが、農民にとって大切だった。そのためには、あらかじめ神祭りを折り目ごとに行い、神の恩寵をたえず受けておかねばならない。春祭りが、祈年祭で予祝する意図をもつのはそのためであった。これから一年間の稲を中心とする五穀豊穣を期待する行事が、春に集中する。一方秋祭りは、一年間の収穫物を守護してくれた稲の神つまり田の神・農神に感謝の意を表わし、同時に明年の豊年をも祈るという欲望もこめられている。単純にいえば、農民にとっては、春と秋に神祭りの日が設定されていればよいのだが、くり返しくり返し、守護霊の保障の確認を得るため、毎月何日間かは年中行事化した神祭りの日が持たれているわけである。春は、正月にはじまり、田の神迎えや春彼岸、水口《みなくち》祭を経て、田植えで一段落する。一方、秋は、盆祭りにはじまり、秋彼岸や神送り、新嘗《にいなめ》祭でしめくくる。そして稲の神・田の神の背後には、家の神化した祖霊の存在がある。おおざっぱにいってしまえば、日本人のハレの日の大部分は、祖霊祭りのためにあるということになるだろう。

だがそのように全て画一的に割り切れるわけでもない。たとえば夏祭りの起源は、都市生活にあることが知られており、御霊会《ごりょうえ》や祇園祭の歴史からみれば、祀られる神々は祖霊のカテゴリーに入らないで、悪疫をもたらす怨霊あるいは、水害をもたらす水神を祀るためのものだった。土の生産を離れた都市民が、かならずしも農民と同様の世界観をもつとはいえないのである。都市民の生活のリズムがあり、神祭りの意味からいえば、都市生活の不安を解消してくれる神々を守護霊として祀るハレの日が、生じてくるのも当然だった。

ハレの食物

そういう意味からいえば、農民社会もたんに稲作農耕民文化だけでは律しきれぬ要素がある。

たとえば、餅なし正月といって、正月に餅を搗《つ》いて雑煮を食べぬ家がある。とくに村の一族の旧家だけに残された家例《かれい》として伝承されているものである。その由来はといえば、先祖が戦いに敗けて、落ちのびたのが、ちょうど年の暮で、とても正月の準備をする暇がなくて、餅を搗かなかったなどと説明する。雑煮を食べなければどうするのかというと、里芋の煮ころがしたのを食べたりしており、決して正月を祝わぬわけでなく、餅を神供としない正月の例もあることを示している。ハレの食物に注意するならば、麺類などのそば、そうめん、うどんをご馳走として食べるハレの日もある。たとえば盆の時などは、むしろ小麦から作った食物を重視する。また月見のシーズンになれば、芋名月とか豆名月の名称どおり、豆や芋がハレの食物となる。

全国的に知られる弘法大師伝説では、大根川とか、喰わず芋の名称があるのは、大師が訪れた時、老婆が川で大根を洗っていたり、芋を作っていた時で、あまり忙しいため、大師を追い返してしまったという理由から、以後川の水がとだえたり、喰わず芋ができてしまうという内容で語られている。これなどは、逆に芋や大根などが、ハレの日の供物だったことを示唆するのである。

したがって、農耕民の神もいちがいに田の神・稲の神だけだったとはいえないのである。畑の神があり、とくに稲作以外の作物に依存する焼畑耕作に従った人びとも存在していたと予想されるのである。

神祭りのハレの日が、日常生活のリズムに従って設けられていることは、いろいろとむかえ祀る神々の複雑な性格はあるにせよ、年中行事を構成する上での大きな特色を表わすものといえるだろう。

2　ケの変動

ケの意味

ハレに対するケは、一般には、ふだんであり、常の意である。儀式や行事に対して、日常的な私ごとといっても差し支えない。

たとえば晴着の式服に対して、褻《け》着という言葉はあった。「女房は褻の時はひとへうはき紅のうちきぬからきぬ等着して、裳をきぬ例なり」（『女官飾抄』）といった日常のふだん着を表わしている。「褻にも晴れにも歌一首」という表現などは、ふだんであっても表立った時でも、歌は一首しか詠めない、つまり無能無芸をあざける意味である。

国語学の上では、別な解釈もあると思われるが、民俗学上ケという場合、以上の褻の内容を示す一つの理解が、柳田国男によってなされていた。すなわち、柳田は米櫃《こめびつ》のことを、近畿地方ではゲビツまたはゲブツとよび、これはゲを入れる櫃ということになるとして、つぎのように述べている。

> 毎日の飯米がケであって、それを時としてはゲとも濁って呼んだのかと思う。奥羽地方から関東の一部、又九州の東海岸の田舎でも、常の日に食う食糧をケシネと謂って居る。シネは即ち米を意味する古語だから、もとはケ（褻）即ちふだんの日の飯米をケシ

ネと謂い、それが略されてただ「ケ」と謂っても通用したのである。（『米櫃と糧と菜』）

つまりふだんの日に食べる飯米をケシネと称していた。これはハレの日の白米飯とはちがって、いちどにたくさん搗いておいて、はじめから粟や稗など一定量をまぜておき、それをふだんの日には炊いて食べる。それらを入れておくのが西日本でゲビツ、東北日本では、ケシネビツと称する米櫃だったのである。

ハレとケの混乱

しかし、多くの民俗資料ではすでにハレとケは、明確に分けられなくなったことが示されている。江戸時代の後半から、日本のあらゆる地域でハレとケの混乱が生じていたのであり、そうした変化する文化状況をむしろどう把握すべきなのかが、われわれに与えられた課題なのである。

民俗学上、ハレとケの混乱を認めながら、ハレとケを対立させて理解することは、いささか矛盾した考え方のように思える。しかし、ハレとケを区分する説明は、民俗文化すなわち「常民」の理解に適切であるとされていたのであり、ハレの行事、ケの行事という分け方をしてきた。一般にケというものが静的な日常生活をさすのであって、そこからハレが生じてくるという、だから両者は対立していないで交換することにもなっている。したがってハレとケに対する説明が一層不明確になっているといえよう。

その点をさらに敷衍していくと、ケによって表現される日常生活文化がたんに静態的に終始するのではなく、ケ自体に変動が生じるケースが想定されてくる。たとえば山形県や長野県の一部で、ケゴヤといっているのは、穀物を入れる小屋という意味であり、またケカチというと、飢渇、ケが欠ける、つまり飢饉のことである。

このケが日常の食事を基準に成り立つ語だとすると、このケカチは、農耕民にとって、毎日の食事が欠けることであり、危機的状況におちいることを意味する。農耕民にとっては、ケカチにならぬよう、時折、ハレの日を設けて神祭りを行い、ケが順調に維持されることをひたすら願うことになる。ハレの日とケの日とが、相互に綾《あや》のように織りこまれて、一年間が成り立っているのも、あくまでケの順調な進行ぶりが前提となるからである。

3　ケ→ケガレの説

ケ枯れ＝ケガレ

桜井徳太郎は、こうしたケが語源的には、稲を成長させる霊力をさすものとみて、ケが枯れる状態が、すなわちケ枯レ＝ケガレであり、このケガレを回復するのが、ハレの日の神祭りの機会だとして、ケ→ケガレ、ケガレ→ハレ、ハレ→ケの循環論を提示した。

「毛枯る」という言葉がある。これは雑草がおいしげってしまい、穀物の稔りが弱まった状態をさしている。だから稲の霊力が弱まることがケ枯レと表現されることも状況説明としては可能であろう。とりわけ年中行事のうちの農耕祭儀にかかわる部分については、説明できるものといえる。

桜井によると、日本の各地で、ケに対して使われている民俗を調べると、たとえば、日常生活空間を「ケゴ」(褻居)と称している例がある。ケゴの中心は「ケザ」(褻座)である。ケザは、具体的には住居空間の中のイロリ端をさしている。ケザに多くすわっているのは、家の主婦である。そこで、ケゴという空間の中心であるケザにすわる主婦が、「ケシネビツ」(米櫃)を管理していることになる。

日本の民俗社会の中で、日常を象徴的に表わしている言葉としてのケ、この実体は、コメビツを維持する主婦の力とかかわっている。このケが維持できなくなる場合に、どういう対応が生ずるのかというと、それが主婦の神祭りによるハレの文化になっていくのだと説明されている。

ハレは晴れやかな空間・時間をさすわけで、現象的にはケと一見対比されることは明らかであった。しかし、ケが維持できなくなるような状態とは何かということが問題であって、そのような状態は、ケのエネルギーが減退するか、あるいは消滅しかかることを意味することになるだろう。

そこでケの力がおとろえていく状態を、ケガレとして民俗事象を説明しようとした。ケガレは別言すれば、主婦が管理している日常的な空間である、ケザに置かれているケシネビツが、充足されなくなるような事態をさすことになるだろう。

だが一方で、ケガレといえば、漢字で穢れと示される文化体系が存在しており、神事はつねに穢れ＝不浄を排除することを前提として成り立っている。

大きな特徴は、このハレの日には、ケガレの観念が大きな位置を占めていることだった。ケガレの意味内容については、すでに『延喜式』触穢《しょくえ》の条で、文献の上に規定された穢れの観念がある。民間にあっても、それは血穢や死穢などにより強く伝承されており、人の一生のうちで出産や成人式、葬儀などにそれは表面化していた。

こうしたケガレの意味は、広義にうけとってみるならば、婚礼とか年祝い、厄年など一見無関係に思えても、それぞれの個人個人が「ケガレ」ている状況を回復する儀礼であるという意味でとらえることも可能なのである。

4　穢れ＝不浄観の成立

ケガレの除去

だがハレにかかわる穢れ＝ケガレの側面については、さらに視点をかえて分析する必要があるだろう。

すなわち、触穢の「穢れ」についていうなら、このケは稲作に伴うケというよりも、人間の活力総体、すなわちこれは、生命体のもっている霊的な力のようなものと思われるのではないか。

たとえば「ケが付く」という表現は、産気づくことと同義であった。「今朝からけがつきて、けふ生るゝとて　うまれぬさきの褐《むつき》さだめ」（『世間胸算用』）という表現なども、ある霊的な力が付加されて、人間の出産となり、それが出血として認識されるに至って、はじめて「穢れ」が生じてくるという理解だった。

この場合のケは「気」であり、それは生命を持続させるエネルギーのようなものではなかろうか。その「気」がとまったり、絶えたりすることも、「穢れ」の表われだった。そしてこれは死穢に代表されるものであり、不浄だとか、汚らしいという感覚は当初そこにはないのである。

「けがらわしい」という不浄を示す言葉は、汚穢、汗穢、穢悪、濁穢と表現される性質のものであり、「ケガレ」の原初的意味における二次的展開だったといえよう。

日本神話の中で、イザナギノミコトが、黄泉《よみ》国から逃げた折、「吾前《さき》に不須也凶目汚穢《いなしこめきたな》き処に到る、故《かれ》まさに吾が身の濁穢《けがらわしきもの》を滌《あら》ひ去《す》てむとのたまひて」として祓除《みそぎはらい》を行ったことからみるとわかるように、けがらわしく、きたならしいものは、禊で洗い浄められるものであり、前出のケガレとは異なるように思える。ケガレは、あくまで「気」の発生、「気」の消滅を人間の生と死の接点で把握した観念であり、こうしたケガレを原点として、現象的にケガラワシイ状態が派生するものとみられるのではないだろうか。

そして神道や仏教がケガレの民俗に介入することによって、不浄化した穢れを排除するという儀礼が成立した。この状況がすなわちハレに相当するのである。

民俗社会では、共同体のレヴェルあるいは、個人のレヴェルでケの維持が不可能となるような危機的状況に陥ると、その危機を防ぐために、さまざまな行為が行われる。それがすなわちハレの状況である。そこで、ケガレがあってはじめて祭り＝ハレが行われるのである。前出の農民社会においては、ケカツ、ケツケという表現によりケの不足に伴うケガレという状況が説明され、ケガレへの対抗的呪術的儀礼がさまざまに行われてくるのである。

5 「ケガレ」解釈の新しい方向

このように、ハレとケの相互交渉の仕方は、ケ→ケガレを前提に成り立つものなのである。表面的には、ケガレはふだんの状況ではなくなるのであるから、ハレといい替えてよいものだが、ケガレの複雑な構造を反映して、ハレの性格も一様にとらえられない面がでてくる。

このハレとケとケガレをそれぞれ三極に対立させ、ハレとケ、ハレとケガレの二項対立をもとにして、民俗儀礼を構造的にとらえようとする波平恵美子の考え方もある。ハレとケは、説明上対立概念のように見えても、両者はたえず相互補充をくり返し、日常態を構築しているのである。「ケにもハレにも」という表現や、一張羅《いっちょうら》といういい方に、その点がよく表われているだろう。

ケを基体とし、ケ→ケガレを一括した範疇にとらえ、一方でケガレ→ハレを設定して両者を対立させるという考え方も可能であろう。

こうしたハレとケにケガレを導入する図式に対していくつかの反論があった。

坪井洋文の批判

たとえば、坪井洋文の批判点は、これまでの民俗学が、日本の農民をとらえるについて、稲作一元主義でとらえてきた欠陥があるとする。坪井は、畑作を稲作に対応させて考えており、二元論的にイネに対して畑作からできる雑穀に意味をもたせた。粟とか稗とかの畑作の穀物を作っていた人びとは、焼畑農耕とかかわり合いを持ち、かつ職能としては、農業専一ではなくて、他の生業を営む人びとであった。彼らの持っている文化を、稲作農耕文化と対比させて論じない限り、説明はつきかねるのではないか、という考えである。

これはケが、一元的な農民の精神構造だけから説明されていること、それも、稲作文化の基礎にある稲魂信仰に基づいて作られたケという理解に対しての批判と考えられる。坪井の議論にもあるように日本の民俗文化を、稲作農民だけの精神構造に限定して論じていたのは、民俗学自身を狭い世界にとじこめることになってしまうわけである。

ハレとケという固定的なとらえ方をしていた農村の民俗構造と、ハレとケの修正部分としてでてきた「ケガレ」の考え方を農村ではなく、都市社会に持ってくるとどうなるだろうか。ケは人間が日常生活をいとなむエネルギーである、という解釈の幅を拡げていくと、「ケガレ」の状況が累積されているのは農村よりもむしろ都市に強くあらわれてきているといえるだろう。

この「ケガレ」の状況を除去する操作が、当然考えられてくる。それを民俗語彙で説明すると、「祓《はらえ》」という行為になろう。ここに「ケガレ」と「ハラエ」が「ハレとケ」にかわって新たに登場していたことになるだろうか。そしてケガレとハラエがクローズアップされてきているのが、いわば現代の都市民俗の特徴になってくるのではないかと予想されるのである。

参考文献

桜井徳太郎『日本民俗宗教論』春秋社、一九八二年。

波平恵美子『ケガレ』東京堂出版、一九八五年（のち講談社学術文庫、二〇〇九年）。

波平恵美子『ケガレの構造』青土社、一九八四年。

桜井徳太郎、谷川健一、坪井洋文、波平恵美子、宮田登『ハレ・ケ・ケガレ：共同討議』青土社、一九八四年。

宮田登『神の民俗誌』岩波新書、一九七九年。

5　ムラとイエ

1　ムラの型

行政村とムラ

民俗学がムラを研究対象としている理由は、ムラが重要な民俗の担い手の一つであり、民俗を伝承させてきた母体であるからである。ムラにはムラ人が住み、多様な生産形態にもとづいたムラを形成させている。稲作をベースとするムラ、焼畑に系譜が連なる畑作や狩猟、漁撈などにもとづいたムラがあり、それぞれ独自の日常生活文化体系をもっているといえるだろう。

民俗学ではこうした多様なムラに展開している日常生活文化を「常民」としてとらえ分析してきた。そしてムラにはイエがあり、イエは人間の住む最小の生活単位である。イエが複数連合して、構成しているのがムラといえる。ムラは人びとが安定した生活を送るために、さまざまに工夫された空間として、私たちの前に浮かんでいる。

さて、われわれがムラ（村）という言葉を使用する場合、大きく二つの意味に分けられる。一つは行政機構の単位としての、すなわち地方自治体としてのムラであり、他の一つは人びとが農山漁村地帯でまとまりをもって生活している単位としてのムラである。

前者のムラは、歴史的にみれば、地方自治法にもとづいたムラであり、それは明治二一年（一八八八）に制定された市制・町村制のムラにあたる。さらに江戸時代の支配単位としてのムラ（学術用語では藩制村とか藩政村という）に接続している。それに対し、後者のムラのほうは、小規模な地域社会であり、その社会はそれを構成している個々のイエの生産や生活に必要な諸条件を維持するための慣行を保持しており、たとえばムラの共同労働、共有林野の利用、共同祈願などで、その連帯の象徴として氏神をまつり、それらの運営のために協議し、取り決めをし、人びとを統制している。さらに各構成員は互いに援助しあうことにより自分たちの存続をはかろうとする。このように第一次的な生産・生活の単位であるイエにとって必要不可欠な存在としての、第二次的な生産・生活の単位がムラといえるのである。

生産・生活の単位としてのムラは、江戸時代のムラ（藩制村）と同一のものと考えられがちであった。藩制村が明治以降に行政単位としての意味を失っても、生産・生活の単位として存続して現在に至っていると理解できるのである。たしかに藩制村と生産・生活の単位としてのムラが一致する例も多い。しかしそうでないこともしばしばあり、その様相には地方差がある。近畿地方と北陸地方では藩制村とムラは一致するのを通例とするが、そこから東西に離れるとしだいに一致する率は低下しており、藩制村の中にいくつものムラがあるというのが一般的な姿となるのである。

日本全国にどのくらいのムラが存在するのであろうか。その総数ははっきりしない。おおよその数を知るのにもっとも参考となるのは、五年ごとに行われる農業センサスの農業集落調査の結果である。農林省では、農業集落を「農業上相互に最も密接に共同し合っている農家の集団」（一九五五年）とか「一定の土地（地理的な領域）と家（社会的な領域）とを成立要件とした農村の地域社会（ルーラルコミュニティー）」（一九七〇年世界農林業センサス）と定義している。これは明らかにムラを把握しようとしている概念といえる。一九七〇年センサスの結果によると、全国（沖縄を除く）で一四万二六九九の農業集落があるということ。この一四万という数字は、ほぼ当時のムラの総数を示していると考えてよいのではなかろうかと指摘されている。

ムラの六つのタイプ

柳田国男はこうしたムラを次の六つのタイプに分類した。

(1)**新田《しんでん》百姓のムラ**　近世に開発されたムラであるが、その開発ははじめから外部の援助や力によっている。また早くから孤立しては生活できなかったムラである。このムラは商品生産に熱心であるが、そのかわり落ちついた心持ちが少なく、移り気で、土地を金に換えて他郷に出てしまうことも早いという性質がある。

(2)**草分《くさわけ》百姓のムラ**　隠田《おんでん》百姓のムラと呼んでもよいムラで、戦国期から近世初頭にかけて、落人《おちうど》が戦乱を避けて、できるだけ近くに人の住まない谷の奥や野中に孤立して生活を始めたものである。このムラは、はじめから利害を共通にしていたので団結力が強く、外界との交流もなく独立して生活してきたが、新しい経済的組織の利便はうけにくいという。

(3)根小屋《ねごや》百姓のムラ　戦国時代に地方の小領主が山城《やましろ》をかまえ、その麓《ふもと》に人びとを強制しあるいは好条件を与えて呼び集め居住させて成立したムラである。このムラの住民は、烏《う》合《ごう》の衆であり、利害が衝突しやすく、人びとの気性も荒っぽいところがある。

(4)門前百姓のムラ　広大な境内地を持つ大寺社が、縁故者に土地を与えて居住させて成立したムラである。住民は、その寺社の特別な職務に従事し、旅人相手の生活だったため、軽薄な面があるという。しかし、中心に信仰があったので統一性があった。

(5)名田《みょうでん》百姓のムラ　荘園開発当時の開墾者とその一族が住んでいるムラであるが、その後の長い歴史の中で居住地を離れてしまったため、ほとんど実在しない。

(6)班田《はんでん》百姓のムラ　律令《りつりょう》体制の班田の制下で集落を形成したムラであるが、これはあくまでも理論上の想定であり現実には存在していない。

右の六つの型のうち、明らかに(5)、(6)は現存しないのであり、(1)〜(4)までが現実のムラと関係しているが、とりわけ(1)と(2)に集約されるものである。そして民俗の伝承度が高いとされるのは、開発伝承を伴ったムラである。

ムラの開発にあたった家を七軒とすることは普遍的である。たとえば、富山県下新川郡朝日町笹川では、ムラを開いたと伝えられる七軒の家をドウミョウ（同苗）という。同苗七軒は同苗山を持ち、地区の山の大半は七軒の所有である。また沖縄県国頭郡の東村川田では、ムラの戸数八〇戸のうち七〇戸までがナナキブイ（七煙）から分かれたと伝えている。このような七軒百姓とか柴切《しばきり》七軒（柴切は草分と同じで開発者の意）という伝承は全国的に分布している。七軒で開発したというのは史実ではなく、七という数字に特定の意味が込められた伝説であろう。しかし、その伝説に対応した家が現存しており、それらの家々が旧家として認められ、また特権を有していることが多いのも特徴である。

2　ムラの東と西

景観の特徴

ムラのあり方が全国一様ではない点は、従来から指摘されていた。たとえば、ムラの景観が近畿地方と他の地方とでは異なっている点がある。すなわち近畿地方ではムラは一つの集落を形成しているのが普通である。しかもその集落は非常に凝集度の高いムラが多い。関東や東北のムラを見慣れた者が近畿地方の平野部のムラを歩いた場合、ムラではなくて町の中にいるような錯覚をおぼえるかも知れないのである。屋敷と屋敷が塀を連ねていたり、土壁で囲まれた家が連続していたりして、都市の住宅地とそれほど変わらない印象を受けることもしばしばである。一方関東や東北地方であれば、ムラが一つの集落として固まっていないほうが多い。ムラがいくつかの小村によって構成されているのが一般的である。さらにムラの内部に入ってみると、家屋の周囲には畑があり、また背後や横には屋敷森がある。一軒一軒が互いに分離している。さらに場合によっては一軒の家が屋敷を中心に、周囲に畑や田をもち、さらに背後に山をもつという構図であり、ムラにおける屋敷の独立性が目立っているといえる。

宮座と家例

近畿地方は中世前期には「座」的組織が形成され、中世後期にいたって、惣村《そうそん》制が展開した地域であり、その他の地方はそうした展開がなかった地域と考えられている。近畿地方では中世を通じて一種の集村化現象が進行したが、他の地方ではそのような動きが顕著でなかったことと関連する。

民俗を伝承する母体としてのムラにはこのような相違がみられる。民俗は単に人間が暮らしていれば生成されるものではなく、人びとの共同性、生活の連帯の中で形成されるものである。近畿地方においてはそのようなムラの共同と連帯が顕著であり、それに伴い豊かな民俗が生成され、伝承されてきたといえる。一方、関東地方など東日本のムラはイエ連合であり、イエを単位としての生活が重視されてきた。そのためムラを母体とする民俗は比較的乏しく、個別のイエごとに民俗が伝承されてきたといえる。もっとも明瞭なのが関東から東北にかけてどのムラにも伝わる、「トウモロコシは作らない」「キュウリは作らない」「餅は食べない」などのカレイ（家例）の伝承である。家ごとに特定の禁忌《きんき》を伝承していることは、ムラとしての共同性もないためであり、ムラを単位に考えたときには逆に民俗が単純であって、量的にも少ないということになるわけである。

村落構造のちがい

ムラを東と西に対比させる基準として村落構造の類型がある。主としてそれは農村社会学による視点であり、同族型村落と講組（村組）型村落をイエ連合の仕方から設定したものである。この考えによると、中世末期に武士的土豪が東北を主とする僻地山間に開発してできたムラがいわゆる同族結合のムラであり、他方、古代より形成された西南日本のムラや、近世以降、新田開発により主に平地に成立したムラが講組結合のムラであるという。同族型村落は東北型農村でかつ山間農村に、講組型村落は西南型農村でかつ平地農村に、そしてさらに前者は主従的なイエのタテの結合、後者は同等的なイエのヨコの連繫という特徴があるとされる。イエの連合の仕方に一つの基準をおいて東西日本の村落類型の特徴を分析したことに一つの特徴が認められる。

3　共同体としてのまとまり

相互扶助

ムラの特色は、共同体としてのまとまりがあることであり、たとえば、それは人の死にあたっての葬儀のときである。葬祭具をととのえるのもムラ人がする所は少なくない。棺《ひつぎ》かつぎから穴掘り、火葬の行われている所では、ムラの中で順番に引受けてする所は多い。このほか喪家への力添えのため、葬送の前やあとでムラの者が集まっていっしょに飲食をする風習は各地に見られる。そのため「煙《けむり》断《だ》ち」「鍋止《なべど》め」などといってムラの家がその日炊事をやめて、喪家の外庭なり隣家で共同飲食することも見られる。ムラ中が葬儀の当日仕事を休むという所もあり、ムラの各戸からひとりずつ手伝いに出るとか、ふたりが出て、うちひとりは手伝いに、ひとりは礼装で出てくるというようにしている地域もある。またムラ香典といってムラの各家からきまった量の米を喪家へもっていく風習などひろく分布する。米とともに酒、野菜、まきまでもちこむ所もある。このほかムラの老人連が喪家のためにより集まって念仏をとなえることも各地で見られる。

一般にムラ人の一員として葬式その他の相互の助けあいとつきあいをしてもらうには、ムラの適当な人を、ヨリ親、ワラジヌギバ、ぬれわらじなどとよばれる身元引受人としてたのみ、紹介してもらうのである。そのためには祭りや講の寄合いに酒を出して挨拶するのが普通で、そうでなければ各戸をまわって歩いたり、改めて各戸を招待したりした。

ムラの祭りが厳重にとり行われている宮座地帯では、その中心儀式に参加する基準は特別の家柄によるか、あるいは年功によって限られていることがしばしばある。新しくムラに入りこんだイエなどいつまでも宮座の外におかれるのである。またムラが山林や磯の権利をもっていて、ムラの者がそれから特別な利益をうけるような場合、ムラに住みついてその仲間となるためには、米を何俵つむとか、拠出金をいくら出すかということが条件となっていて、単に寄合いに酒を買って出るというだけではすまない例が多かった。

若者組

年ごろの似かよった者のあいだにはいっそう緊密なつながりがあり、つよい共同意識が見られる。一つのムラは大きくわけてみると、まず子供の仲間があり、その上に若者組とか若者仲間、若者連中などいろいろによばれる集団がある。女なら娘連中、娘組などというものが見られた。ずっと年齢の上のほうには老人仲間で、じいさん仲間とか、ばあさん仲間がある。年寄りの仲間と若者仲間とのあいだには中老だとか宿老《しゅくろう》だとかいろいろに呼ばれる壮年者の階層が区別されている。

このうち子供仲間が活躍するのは、小正月の道祖神の祭り、七夕、祇園《ぎおん》、盆などの祭りである。子供は集まって年長の大将をたて、その指図の下に家々をまわって祭りの用意に入用な品々を集め、小屋をつくったり、特定な家を宿にたのんだりして、共同飲食をするのが普通であった。また老人たちは念仏講など講中をつくって、宿に集まり念仏をとなえた。

ムラの中の若者組はどのように結束して働いていたかというと、まず結婚にいたるまでの男女関係の規制がある。若者はムラの中の一定の合宿所にあたる寝宿に入りそこで自由に配偶者を探すのであるが、その際仲間の助力をうけることが多かった。若者同士のあいだで話ができると、若者組は両方の親のあいだを仲介し、話がきまると、ちょうちんに娘の家の灯を入れて若者宿の前へもってきてつるすという場所もあったという。親が同意しない時には若者仲間がその家へあばれこむとか、あるいは若者仲間が娘を連れだす嫁盗みの風習もあった。結婚のおりに宿の仲間が式に立ち会うほか、若者仲間で娘の案内役をつとめるということなどもみられた。

若者組が共同でする仕事の一つは、ムラ仕事を引受けてムラの運営にあたることであった。道路の修理や夜まわり、火消しなど、力のいる仕事は若者組の仕事とされた。山村では山林の見張りや管理などをまかせられている所があり、漁村では海難救助をはじめ、船荷の揚げおろしなど若者組の仕事になっていた。こうした仕事に対し、漁村では漁の分け前の与えられるムラなどもあった。

祭りの準備から神輿《みこし》かき、獅子舞《ししまい》などの芸能を若者組が引受けている所も多い。祭りに関連する仕事は若者組の仕事としてのこっていたのである。

このほか若者組がいっしょに集まって夜業《よなべ》に精出しながら雑談に興じ、退屈になりやすい作業を楽しくさせていた。正月に集まってわらじをつくりながら話に興じるワラジビなどというのもあったし、旧八月のころわら一束をもち寄ってきて、ない終ると畑の枝豆など取ってきていっしょに食べるナワモジリなどという風習もあった。

若者組の結束は、ムラの年齢集団の特色の一つであり、ムラとしての共同生活の強固な結合を示す典型的な事例といえる。

4　ムラの中のイエ

イエの原理

ところで住まいを共同にしている集団はイエであり、イエはほかのイエと連帯しながら日常生活を営む。そこには必然的にイエを構成するメンバーたちのつながりの仕方によって親類や同族、近隣関係のイエ同士の関係が生まれてくる。

民俗学上の大きなテーマは、こうしたイエに支えられ人びとの暮らしに示される民俗であり、戸主、主婦を中心としたものの考え方であった。イエであるかぎり一貫している原理は、イエの永続性・超世代性である。イエは成員の世代を超えて、永久に存続すべきであるとする考え方である。この原理にもとづいて、イエの制度化は必然的になってくるし、その制度体をさして観念としてのイエという表現もある。イエの原理からイエの特徴は成り立っているのである。「イエを盛んにしたい」という願望がイエの民俗を支える基本なのである。

イエの永続性・超世代性という原理を保障するために、夫婦家族よりも直系家族が志向されたし、養子や入り聟《むこ》制度が取り入れられたりもした。また屋敷の保障や、イエの財産の保持も必要なことであった。

日本のイエは一般的には直系家族形態が志向されてきたといえよう。

直系家族形態の特徴は、一子残留を前提としていることである。なぜ一子残留という相続形態が生じたのかというと、一人の子供が相続をするのはイエが一つの経営体であるからであったといえる。家族が近親者によって構成された親族集団であるとするなら、イエは近親者を中心として構成された家業経営をもっぱらにする経営団体といえるのである。

仮にイエが経営団体であるとするなら、家産をいくつかに分割するわけにはいかないことになる。たとえば、一町歩の田畑を経営している農家があったとして、三人の息子と二人の娘の全員に平等に田畑を分割相続させたとしたら、全員が二反の所有となり、全員のイエの経営が危うくなるだろう。さらに次の代になって、この二反を分割することになれば、もう経営は不可能である。すなわち、イエは原則的に現在の会社と同じように、簡単に資産を均分して複数の経営体を作るわけにはいかないから一人の経営相続者（普通は長男）を置いて、彼に代々の田畑を相続させ、ほかの子供たちには、父自身の代に開墾した田畑などを分け与えることになる。

近代以後、法的には家産は戸主の所有となっているが、実際には家長の独断によって家産を処分しないという慣行があった。それはイエが一つの経営体であるという伝統的な考え方によっているからなのである。

イエ屋敷

家族の住む家屋敷はそれだけで自立した一つの統合体としてあるわけではない。イエ屋敷を単位として、それらをおおうかたちでムラが存在する。つまり見方を変えると、イエ屋敷はムラを構成する一つの単位にすぎないといえる。このイエ屋敷とムラとの関係を考えてみよう。

イエ屋敷にはさまざまな屋号がつけられている。その屋号は、㋑位置・方角によるもの、㋺格式や本分家関係によるもの、㋩職業によるもの、㊁代々、あるいは特定の時代の戸主名によるもの、の四つにもとづくものが多い。もちろん、それ以外のものにもとづいて屋号がつけられた場合も少なくない。

屋号を見るとムラの中のイエの位置がよくわかる。たとえば、平兵衛とか源蔵という屋号と区別して、同じムラ内で中屋敷とか新屋敷とかいう名の屋号がある場合に、後者のほうは名主などの格式の高いイエであるという。その理由は、格式のあるイエ屋敷を、たとえば平兵衛という戸主名で、他のムラ人が呼びすてできなかったからだといわれている。

ムラに住む者にとっては、イエ屋敷を所持しているかどうかによって、そのもののムラ内における身分が大きく異なっている。屋敷をもたないイエは、ムラの祭祀に参加する権利をもたないとするムラが少なくない。すなわちその場合、屋敷をもたないイエは一軒前ではないとされていた。

こうした発想は、近世においては独立した屋敷の所持が本百姓の基準になっていたので、そのこととかかわっているといえるだろう。

ムラがイエの連合であることを示しているのは、たとえば子供を残して親が死亡した場合だと、親類縁者が少なければ、ムラの数軒が申し合わせて、その子供を食べさせるという仕組みがあった。あるいは病気、出産などで田畑の作業ができなくても、お互いが助け合う相互扶助の組織が発達していた。ユイやモヤイはその典型的な事例である。そうはいうもののムラ人が協力しても衰えてしまうイエもかならずあった。

イエを盛んにさせたいと思ったけれど、さまざまな障害があって、「三代つづく長者なし、三代つづく貧乏なし」ということわざが示すとおり、イエの盛衰は世の常なのである。昔話に多くの長者譚をもっているという事実が示しているように、イエを盛んにしたい、ムラをよくしたいという思いが、伝統的なムラに住みイエを支えている人びとの願いであったといえるのである。

参考文献

桜田勝徳「村とは何か」『桜田勝徳著作集』五、名著出版、一九八一年。

福田アジオ『日本村落の民俗的構造』弘文堂、一九八二年。

福田アジオ「民俗の母体としてのムラ」『日本民俗文化大系』8、小学館、一九八四年。

岩本由輝「移住と開発の歴史」『日本民俗文化大系』6、小学館、一九八四年。
赤田光男「同族とムラ組の特質」『日本民俗文化大系』8、小学館、一九八四年。
福田アジオ、宮田登編『日本民俗学概論』吉川弘文館、一九八三年。
柳田国男編『日本人』毎日新聞社、一九七六年。

6　稲作と畑作

1　水田稲作の特色

農業技術のちがい

人びとはイエに住み、ムラを構成している。そこに展開する日常生活文化は、常民、常民性、ハレ、ケ、ケガレなどといった基礎概念から説明されるのであるが、それらを支えている基盤には、農業があった。大地を生産する技術は、土地利用の仕方や生産暦によって、各地の地域差が顕著であり、山地の焼畑、台地の畑作、平野部の稲作といった違いは歴然としているし、その地域差を前提とした民俗が、それぞれのムラを背景に展開しているのである。

たとえば、関東平野をみると、沖積平野に成立したムラと武蔵野台地周辺のムラとは農業のあり方が異なっている。平地は粘土質であり畑作には適さず、その代わり稲作が発展した。犂《すき》の導入が早くからあり、馬の所有者も多かった。水田稲作の植え田が中心であり、畑は大麦・小麦と大豆の輪作、さらに養蚕が加わった。一方、台地周辺は、谷地《やち》を利用する畑作である。そこは東京に近いので、収穫物が換金でき、金肥を使った都市近郊型の農業になる。甘藷《かんしょ》はいち早く導入され、麦、里芋、生姜の輪作が中心となり、養蚕は少ない。水田も湿田が少しあって、犂よりも鍬《くわ》を使い、摘田《つみた》が長く行われていた。こうした農耕技術・農業経営の差異は、当然民俗儀礼にも大きな影響を与えた。

最初、農民が大地に汗を流し、生産にとりくむという手仕事の連続だった水田稲作には、創意工夫が加わり改良が著しかった。自然暦を目安として農耕作業をしたとはいいながら、自然の諸条件を巧みに生かすために日照時間・灌漑《かんがい》用水および肥料などには種まきから俵づめに至るまで大変な労力と知力を必要としていた。作業の節目になされた農耕儀礼は、こうした背景を抜きにしては考えられないのである。

耕作する際には、鍬を使った人力によるほか、牛馬を使って犂を使う方法が導入されて労力がかなり節減された。そして永年の生産による地力の減退をくいとめるために、地肥・緑肥・厩肥・下肥や魚肥などを工夫することが多く、そこにさまざまな農具を発達させたのである。

灌漑

水田農耕においては、灌漑用水の確保は不可欠である。堰《せき》をつくって河川の水を引き、河川の流水を水車でくみあげたり、あるいは溜池を設けて旱魃《かんばつ》に備えたのである。そのためにはどうしてもムラの農民の共同作業が必要であった。灌漑用水の分水をめぐってのあらそい、雨乞いについての儀礼などが、最近まで各地に見聞できたのは、多く天水に依存してきた農業のあり方の反映でもあった。

柳田国男によると、日本の稲作灌漑様式は天水稲作・清水掛り・池掛り・堰掛りの四つの段階をふんでいるという。農民が清水掛り・池掛りという灌漑方式が可能なことを知った場合、天水による稲作を行う地域へ移り住むということはありえない。西南諸島では天水稲作が多かったので、日本人は南から北へ、南の小島から北の大きな島へ移動したのではないかという仮説も生まれている。この仮説は農業技術を民俗学の基本問題に結びつける考え方を示しているといえるだろう。

水田であれ畑であれ、水は作物にとって欠くことができないが、特に稲はその発芽・生育・結実に多くの水を必要としたから、水は稲作の生命線であるともいえる。そのため田をうるおす水の流れは、耕作する者にとってはきわめて重要な関心事であり、水の利用の仕方や一本の水路の管理運営には常に注意が払われていたのである。

現在は各地で水田の形を揃え、一定の大きさにしたり、用排水路を整備したりする耕地整理（土地改良事業）が進んでいる。しかし、明治末この事業が進行する前には千枚田などといわれる棚田《たなだ》のように、小さな水田がほとんどを占めていた。各水田が水路から水を引いたり、水路へと落とす形ではなくて、用水路からとり入れた水を田から次の田へと順ぐりに送っていくという田越し灌漑という方法があった。水田の畔《あぜ》に水口《みなくち》、後口《あとくち》という水の出入口をつけて行うこの方法は、現在でもみることができるが、これでは各水田における耕作は独自性をもつことはできない。水を引くのは他人の田を通してであり、各自が勝手に水を引いたり、作付けをすることはできないのである。つまり耕地ごとの境があっても事実上一枚の大きな水田とかわりないわけである。それぞれが同じ時期に同じ手順で仕事をしなければ、水は得られないし、稲も作れなくなってくる。つまり、これが共通の生産条件の一つであり、そこから共同意識や各種の統合が生まれてきたといえるだろう。

たとえば、平坦な沖積平野で古くから集落や耕地が拓けた水田地帯では、河川や溜池を水源としており、そこから樹枝状に水路を分岐して灌漑をしている場合が多い。この場合は、受益地となる水田は一つのムラにかぎらず、数ヵ村、数十ヵ村におよぶこともあり、水を引く系列下にある各ムラで水源や水路の管理運営を行い、水利組織や番水《ばんすい》（系列下のムラが一定の水量・時間で水を引くこと）、水番などの水利慣行が発達し、ムラ運営と水利組織・慣行が密接な関係をもつことになった。

植え田と摘田

日本の伝統的な稲作の方法には、系統の異なる二つの方法が見られる。一つは苗代で苗を作り、田植えをしていくというごく普通に知られている方法で、これを植え田という。もう一つは、苗代を作らず、種籾《たねもみ》を直接本田《ほんでん》に播《ま》いて稲をつくる方法で摘田である。

日本の稲作は一般的にいって、その作業は労働でありながらも、花田植、早乙女《さおとめ》、田植唄などといった田植え周辺における神祭り的要素が多く見られ、一種の神事として行われていたと考えられている。しかし、先の二つの稲作法を比較してみると、摘田には田植えがないのである。その方法はむしろ畑作播種《はしゅ》法に近いものであり、稲作を神事とするような心意は植え田に付随するものだといえよう。技術的にも、植え田は摘田を改良・発達させた農法とは考えられないのである。だからこの二つの伝統的な稲作法は同系列の技術ではなく、異質な方法といえよう。

摘田のような直播法が伝えられているが、総じて苗代から本田へ移植する様式が一般的であった。田植えでは、後ずさりする植え方が古風であり、田主《たろうじ》の指揮により、いぶりさし・苗投げ・早乙女などが役割を分担して行うところが少なくなかった。ユイや手伝いでまかなうことも多かった。佐渡の車田《くるまだ》植、中国地方の花田植など現在なお田植えの古い形態をとどめている例もある。

苗代、田植えの方法は、明治中期以降次第に変化を見せた。短冊苗代（短冊形の苗代で苗をつくる）や、正条植（稲苗のたてよこの列を揃えて植える）などの普及や一株に植える苗の本数、稲株の密度の減少などがしだいに顕著となった。たとえば正条植の普及は、田打車という除草用具の導入をひき起こし、除草の方法も変えるという連鎖反応が起こったケースもある。

正条植は、近世の農書に縦横を目分量で揃えて植えるなどの記載があったり、近世末には静岡県の遠江地方で報徳社による正条植の普及があったりしたが、全国的には耕地整理などの進行とともに広まったものである。正条植以前は、カニ植え・一文字植え・ころび植え・

廻り植えなどといわれ、各地でさまざまな植え方があり、車田といって田の中央から同心円形に植えていく方法もあった。

稲作では一年のうち田植えと収穫の二つの時期がもっとも労働量を必要とした。家族内労働力だけでは間に合わず、家族外からの労力を求めたために、そこに複雑な労働組織が生まれることになった。これは、日本の伝統的な労働組織形態を伝えているといえるのである。

収穫のほうは比較的はやく農具の発達や機械化がすすんでおり、かつての労働組織の断片のみ知り得るだけになっている。したがって伝統的な労働組織は大部分田植えに残されているといってよい。

共同労働

倉田一郎は、わが国の農村の伝統的な労働組織を二つに分けている。それは「社会的・家族的な服属関係から成立した労働組織」と「社会的・家族的な相助関係から成立した労働組織」の二つである。この服属関係と相助関係という二つの区分での「服属関係」は同族と関連をもつ場合が多く、またこの関係はオヤコ関係（親分子分関係）によって支えられている。「相助関係」はユイ・モヤイの形態をとっており、組を形成している場合も少なからずみられる。

そして服属関係は、相助関係とくらべて一段と古風な形だと考えられている。

かつて田植えにはこれらの労働組織の形態のすべてがみられた。本分家の系譜意識が濃厚であり、本家の経営がとびぬけて優越している地域では、服属関係にもとづく労働組織形態がとられていたし、経営規模のさほど変わらない地域ではユイの形態をとるのが普通であった。

田植えは古くは農作業というより、田の神を祀る神事であったから、労働形態をいっそう複雑にしているといえる。サオトメは女性に限られたが、さらにはサオトメは妊娠している者がよいとする地域など、いくつかの条件がそなわる場合があった。中国地方ではなやかに行われた大田植、花田植は農作業というよりも、田の神祭りの色彩が強く表われている。

農業の近代化は機械化となって現象化している。機械化は収穫時の作業からはじまったが、現在では田植えをはじめ、他の時期のほとんどすべての作業に及んでいるのである。民俗学は伝統的な労働組織の究明とともに、今後はこうした機械化による労働組織の再編成の過程も追究していかなくてはならないのである。

一般に高価であるとか短期間しか使用しないという農業機械は共有される可能性が高い。それを共有する組合がかつて存在していた田植えのユイの組合であったり、苗代のメンバーである場合がしばしばみられた。トラクターとコンバインあるいは乾燥機の共有メンバーが異なっている場合、その人間関係の基調にどのような法則が流れているのか、といった問題もあって今後の研究が待たれるところである。

2　畑作の特色

畑作物

畑作の作物というと、大麦・小麦、粟、稗、陸稲、黍《きび》などの穀類、大豆、小豆などの豆類、里芋、甘藷などの芋類、各種の諸菜類、果樹といったようにきわめて豊富である。

畑作の多い地方は、北海道、北上山地、武蔵野台地、大和山地、四国山地、九州西部・南部などである。畑作には二つの形態がある。一つは焼畑、切替畑のように、一定期間山林や原野に戻したり、牧畑のように牛馬の放牧地と畑を一定期間ごとにくり返す畑作、もう一つは、一定区画の耕地に肥料を施して作物を輪作する定畑《じょうばた》である。

畑作の古い形態は焼畑であると推察されており、畑についての民俗学研究はほとんど焼畑に集中している。

焼畑と牧畑

焼畑の分類は、ふつう①サスなど技法にもとづくもの、②ヤブなど地相にもとづくもの、③デツクリなど農作形態にもとづくもの、④ソバハタなど作物にもとづくもの、と四分類されている。

焼畑は現在ではほとんど行われていないが、山の斜面などの木や草を伐り払い、そこに火を入れ（斜面の上方から火をつける例が多い）、焼土となった地面を整理して作物を作る方法である。八丈島のキリカエバタや武蔵野のハヤシバタ、多摩のアラクのように火入れの伝承を伴わないものもあり、切替畑のうち火入れをして畑にするのが焼畑であるといえる。

作物の作付けは、たとえば一年目は稗かソバ、二年目は粟か稗、三年目は大豆か小豆、四年目は粟、五年目は小豆という具合に地方ごとに定まった順序があったり、火入れの時期、これは春と秋にあるが、休閑する年数も各地でおおむね決まっていた。牧畑の作付法は直播で、ほとんどが撒播であった。

休閑を伴う畑作ということでは焼畑と同類の畑作といえるが、休閑期間が半年から一年（焼畑は五年から四〇～五〇年）と短い、しかもその期間、休閑地に牛馬を放牧していて、焼畑とは異なる方法であった。たとえば対馬では休閑地を畑にするのに火入れをしたり、播種は撒播であるなど粗放的であり、焼畑に近いが、牧畜と畑作とを組み合わせた耕地利用をしていて、放牧による糞尿が多少とも肥料に使われている。

定畑

焼畑・切替畑・牧畑は山地や丘陵に立地するムラにみられ、いずれも集落外縁の傾斜地を利用した畑作であった。これに対し「畠」「陸田」である定畑は、垣内畑・前栽の名やソノなどといって家の近くで肥料を使う畑と山を伐り開いた畑との区別などからうかがえるように、比較的平坦な住居近くの、いわゆる屋敷畑を中心に拡大していったものである。

定畑の耕作は施肥にもとづく輪作が特徴である。定畑はつまり常畑なのであり、空白をおかずに異なる作物を輪作していった。輪作は土質との適合やイヤ地、畑作物全体の構成などを基礎条件として編成されており、一般的には冬作と夏作の一年二毛作を基本としている。焼畑や牧畑にくらべると耕地利用が集約的であり、狭い耕地に多種の作物を作っているのが特色である。

宮本常一の説では、定畑の技術は焼畑から移行したものが多かったと思われるけれども、それ以外にそれが大陸から伝来したものと考えられている。その根拠の一つとして、ムギ・キビ・アワ・トウモロコシ・ダイズなど、定畑で栽培される作物のうちでもともと日本で作られていたものがほとんどないことによる。ところで焼畑や水田にくらべて、定畑が一番多く犂を利用している。この犂の利用は長崎県五島でみられるように畑の形を変える場合がある。鍬は定畑耕作を中心にして発達したのである。したがって鍬の種類と量を多くもつのは定畑地帯の農家である。畑作はほとんどが直播であり、水田稲作の場合は移植をする。しかし稲の直播をしている地域もたまにはみられた。これは最初に日本へ稲作が移入されたとき直播であったか田植えを行ったかという問題にかかわってくるといえるだろう。

3　稲作と畑作の相関

畑作から稲作へ

畑作の行事は稲作行事と混合して行われている場合が多く、畑作行事だけを抽出するのはむずかしい。わが国のほとんどの地域では、現在、稲作が主となっていて畑作が従となっているため、稲作の影響が大きくなっているからである。

畑作儀礼は稲作儀礼に比して単純であるから、畑作儀礼は稲作儀礼に先行するのではないかという主張もある。

稲作と畑作の両者の新旧に直接的な関心を示すのではなく、畑作（里芋・粟・稗）と稲作にもとづく価値観（文化）の問題に焦点を合わせる視点が、坪井洋文によって提示された。それによると、稲をシンボルとした日本民俗文化体系に対してイモをシンボルとした民俗文化体系の存在が指摘されているのである。

畑作文化

民俗学では従来、稲作文化の研究に主点が置かれてきたが、稲作文化一元論に対する批判がおこり、正月に餅をつかない「餅なし正月」の存在などから、畑作文化研究の重要性が唱えられだしている。

畑作の儀礼というと、小正月のモノツクリ・粥占い・成木責めなどは畑作物の予祝儀礼の伝統をよく伝えている。東日本ではよく粟穂・稗穂・マユ玉などツクリモノをし、粟・稗・マユの豊産を祈る。粥占いによって豊凶を占われる畑作物は多い。成木責めでは柿・栗・梨・桃などの山畑の成木の予祝が行われる。こういう慣習からいうと小正月は畑作の予祝やト占儀礼が行われる一つのオリメとみられよう。

稲作の田の神に対する畑の神も存在する。畑作社会の神や儀礼は広く見られており、八月十五夜や九月十三夜には芋名月とか芋の子誕生と称して、里芋を名月に供える行事は全国的にある。これは明らかに里芋の収穫祭である。滋賀県蒲生郡日野町中山では八朔の日に、東西二地区に分かれて里芋の長さを競い合う「芋競べ祭」がある。亥の子や十日夜《とおかんや》には大根の年取りなどと称して、この日大根が大きくなるから大根畑に入ってはいけない。もし入り、大根が成長するメキメキという音を聞いたら死んでしまうという禁忌があるが、これは畑の神に対する信仰の名残と思われる。恵比須講や大黒祭に二股大根を供える風習もある。これはいわば大根の収穫祭であった。

文化の等価値

稲作民が稲の種子を信仰する稲霊信仰は重要な存在であるが、これに対する畑作民の種子に対する信仰があり得たのではないかという点について、坪井洋文が一つの資料を紹介している。

それは滋賀県野洲《やす》郡野洲町南桜（野洲市）のゴジンジ（御神事）と呼ぶ、一二月二八日から正月六日にかけての行事である。氏神野蔵《のくら》神社を中心に宮座が組織されており、正月六日にはその年の新しい神事役（ジョウトウ）の家に祭祀用具が送り届けられ、これをジンジオクリ（神事送り）といった。送る物はゴジンジサンと呼ばれる箱と、掛け軸、記録帳に、神社に供えられていた粟と黍のおさがりである。新しいジョウトウの家には、親族の中心だったオモシンルイも集まってこれを迎えた。

注目されることはこのおさがりの粟や黍の種子を播いて栽培するというのである。ゴジンジのジョウトウは粟と黍の種子を年々引き継ぎ、それを耕作することが義務づけられているらしい。日本の農民は稲にのみ生きていたわけではなかった。農民は稲を多く収穫すること、神と人とが共食していくことを生き方の一つの理想としてきたのも事実である。日本の稲作農業技術は、二〇世紀の中ごろまで、基本的には国家次元からの指導によって進められてきたのであろう。考えてみると稲作にともなう屋外の作業の区切りは、大きく分ければ春と秋とにおかれ、それが新年と新嘗の祭りに対応するものである。そうした機会がハレであり、屋外で共同飲食が開かれ、家のソトが公的な場ともなり、その空間が氏神に象徴されて、神聖で清浄を旨とするハレ空間とされたのである。稲を作る農民でも、日常の生活はウチ（屋内）において米以外の食物をとりながら、米以外のものを耕作していた。それは稲ではなく雑穀、野菜類であり、それに対して国家的には私的な性格が付与され、イエ次元の生業として、稲作と比べ下位の位置におかれてきた、と坪井洋文はのべている。

このように稲作と畑作とは文化の等価値が一つの前提としてあり、日常生活文化が稲作にのみ偏重しない視点が確立されたのである。

参考文献

福田アジオ、宮田登編『日本民俗学概論』吉川弘文館、一九八三年。
上野和男他編『民俗研究ハンドブック』吉川弘文館、一九七八年。
上野和男他編『新版 民俗調査ハンドブック』吉川弘文館、一九八七年。
倉田一郎『農と民俗学』岩崎美術社、一九六九年。
坪井洋文『イモと日本人』未来社、一九七九年。
坪井洋文『稲を選んだ日本人』未来社、一九八二年。
野本寛一『焼畑民俗文化論』雄山閣、一九八四年。
福田アジオ『日本村落の民俗的構造』弘文堂、一九八二年。

7　山民と海民

1　山と海の交流

山と海の結びつき

日本は長い間農耕社会が中心であり、かつ稲作がその軸にあったことは明らかである。稲作は畑作と共存して農民の生産活動となってきた。一方、日本列島は海に囲まれた山国であり、生産の場としての田畑の外縁には、採取の場である山と海がひかえており、さらに生産活動の場を提供してきた。高度な生産性をもつ農業に対して、山と海の生産は、従属する立場に置かれるかも知れないが、古来山と海とは、相互に関連性をもちつつ、平地の農耕民のもつ民俗文化に影響を与えてきた。常民はすなわちごくふつうの農民をさしており、その特性は、定住性にあった。しかし定住しないで各地を放浪する漂泊性をもった人びとが、海や山に生活しており、かれらは山民あるいは海民の名称のもとに包括され、それぞれ独自の民俗文化を形成させてきたのである。

そして興味深いことに、山民と海民とは、平地民にくらべてより密接な結びつきをもっていたということである。

たとえば海の見えない信州の話であるが、信州の人びとは海に対し限りない親しみをもつという。なぜなら海からは塩と魚がもたらされるからである。山でとれる川魚はたしかに珍味ではあるが、日常的食物になっている。そこでハレの食物としてはむしろ海魚のほうが珍重されてきたのである。

松本地方ではとりわけ年取りの大晦日《おおみそか》の晩に「鰤《ぶり》でお年取りをする」ことが、どうしても欠かせない習慣だった。ブリは、日本海でとれたもので、これを越中の商人が仕入れて、塩ブリに作り、竹行李《たけごうり》につめて、ボッカとよばれる運搬業者たちが馬で飛騨に送りこみ、今度は高山から野麦峠を牛で越させて信州に入ってくるのである。信州ではこれを飛騨ブリとよび、年の暮れの市で競って購入されたのである。こうした牛方による運搬法により、多くの信州人の食卓に海魚が並べられるようになったのは、宝暦年間つまり江戸時代の中葉以降とされている。

山ばかりなのに山無し県といわれた隣の山梨県でもまったく同じ状況であり、甲府へ入る魚は、静岡県沼津より御坂峠を越えて、はるばる入ってきたという。もっとも魚の種類は鯛《たい》が多く、つづいて塩まぐろ、煮貝などで、この点は長野県と若干ちがっている。

遠い山中なのでどうしても塩魚になってしまうけれども、生魚のほうを口に入れたいのが人情である。「魚屋さん、今日は無塩《ぶえん》か塩物か」という句があるが、これは山国の人びとの海の生魚に対するいつわらざる気持ちを表わしている。

山中の守護神である山の神が、ことのほか好む魚をオコゼといっている。オコゼは醜怪な形相をした小魚であるが、海でとらえられ、わざわざ山の神の前に神供《じんく》として捧げられる。日本神話で有名な海幸彦《うみさちひこ》・山幸彦《やまさちひこ》の兄弟の物語には山国に住む狩猟民と、海辺に住む漁民との交流が大きく反映しており、山と海の関係は、ずいぶん古くから、続いていたのであった。

漁と猟

ところで日本文化の主要な要素には、狩猟文化と漁撈文化の組み合わせが存在しているのではないかという考え方がある。

たとえば「りょう」という言葉は、「漁」と「猟」の両方の漢字にあてはめられている。漁は海で魚貝を捕ることで、猟は山で鳥獣を捕るものと理解されている。だが漁師は猟師とも書かれているし、猟船と漁船とは同じ意味に用いられている。つまりそこには海と山の「リョウ」が同じ次元で行われるような日常生活が存在していたと考えられるのである。

大島襄二によると、漁撈が狩猟に包含されるという北方系の狩猟漁撈文化が、農耕文化以前に存在したのではないかと推察されている。

これは難しい問題であり、いちがいに結論を容易に出すことはできない。日本には稲作が定着する以前に粟や稗、里芋などを作る焼畑耕作が先行していたという学説も説かれており、その他にも漁撈と狩猟民とがいたと思われている。また焼畑耕作と狩猟とが合体した文化も想定されており、これはむしろ東南アジア文化の系譜に連なるものといわれている。山の狩猟と海の漁撈とが結びついたのは、むしろ北方文化の系譜に入ると予想されてくるわけであるが、いずれにせよこれは今後に残された課題といえるだろう。

三世紀半ばごろの中国における魏《ぎ》の人の日本見聞にもとづいた『魏志倭人伝』中の記事に、倭人が水中に沈没して魚蛤《ぎょこう》をとらえることが書かれている。同時に男子は、皆黥面文身《げいめんぶんしん》（いれずみ）をしていたという。このいれずみは、水中にもぐり魚蛤を捕るあいだに、大魚や水禽に襲われるのを防ぐまじないである。

いれずみをしている倭人は、海人族とみなされる集団であり、『日本書紀』では阿曇連《あずみのむらじ》に率いられる存在であった。阿曇連大浜とか浜子の名前があげられており、両者とも海辺に居住する族長の名前らしい。そしてこの海人族のリーダーたちもまたいれずみをしていた形跡がある。

海人族と入墨

ところが山間部に住む山人たちのほうも、やはり黥面すなわち入墨《いれずみ》していたという記事が、『日本書紀』の雄略天皇紀にある。これは鳥飼部《とりかいべ》という宮廷に仕えて、鳥を飼養していた者たちについての伝承として語られたものである。

先に記した海人族も、この山人である鳥飼部も共通して、天皇家に従属する民の集団として描かれていた。すなわち古代国家が形成されていく過程において、天皇家を中心とした支配勢力の圏外にあった人びとが、記紀に載せられていく段階で、入墨をした集団とみなされていたのである。

とくに天皇家が、海人の阿曇連や、山人の鳥飼部たちに、墨刑としてわざわざ入墨したと記されているので、ここに記載される時期に、山人と海人が天皇家に従属するよう位置づけられていたことも明らかなのである。

このことはまた、古代の天皇家が、山と海辺の土地と民を領有支配していたという特徴を示唆しているのだろう。

和歌森太郎によると、山と海の民は、このような入墨の風を残しているという関係からも密接につながっていたという。そしてともに天皇の強力な支配を受けていたという面でも共通していた。

これは日本の古代国家形成期の問題であるが、山と海の民は、その中間にある平地民をとびこえて親縁性をもっていたことになろう。漁民と農民の断絶にくらべるならば、漁民と山民とは、どこかで連なったところがある。ことによると、はるか海の彼方から、はるばるやってきた部族たちが、海辺にたどり着いた後、川をさかのぼって、山中奥深くに入りこみ、そこに山人としての生活体系を作り上げたといえなくもないのである。海で魚貝を捕ったように、川魚を捕り、山中で鳥獣を追った。そして焼畑の技法により、土からの生産物も獲得するのである。このことは、山の神と海の神の性格や、その祀《まつ》り方に見る共通点が、平地の農業神のそれよりも、はるかに濃いことからも想像されるのである。

山や海の生産の場に入り込むときには、山の民と海の民とに共通心意が働いているらしい。それは異界に対する畏《おそ》れであるが、この心意の表われが山ことばであり、沖ことばであったろう。山ことばと沖ことばはともに日常生活領域で用いることばとは違うことばにいい換えていることが特徴的であり、山ことばのクサノミ（米）、ヘダリ（血）、沖ことばのナガモノ（蛇）、エテコウ（猿）などはその具体例である。

このことからも、山と海の生産活動に従う人びとの間には相似た緊張感があったとみられており、山と海の信仰生活にも類似の伝承を発生させたと想像されるのである。

2　山民の民俗

山民とは

農民とか漁民という言葉に対して、山民というのは耳なれない言葉である。しかし独自の民俗文化をもち平地や海岸とはちがった生活をしている人びとのことを考えるとするなら、そのような民俗を担っている人びとを、山民と呼ぶことができよう。

つまり山民とは日本人の一部であり山地に居住して、山地を利用しつつ生業をいとなんできた人びとなのである。だから、それは歴史的に山地と切りはなせない風俗習慣をもつ人びとのことといえるのである。

柳田国男は山民の性格の特徴として、「正直・潔癖・剛気・片意地・執着・負けずぎらひ・復讐心その他」をあげていた。これらの特徴を顕著に発揮した人びととしてあげられるのが山伏・修験《しゅげん》の徒であるという。山民には漁業をするから漁民、農業を営むゆえに農民といった生業を基本とする区分は通用しない。伐木《ばつぼく》・箕作《みつくり》・木地師《きじし》・漆工《しっこう》・鉱山師・たたら・炭焼き・狩人《かりうど》・鷹匠《たかじょう》・修験等々の山地資源を利用して平地人の要望をみたす仕事をする人びと、いわゆる諸職に従事する人びとが多く含まれている。また農耕を行うにしても水稲栽培は皆無に近く、主として焼畑で雑穀や根菜類をつくる稲作以前の農法に従う者が多かった。

狩猟民

本来、狩猟は獣害から農作物を防ぐところに発生したものであって、獣を捕獲して生計をたてることだけに発生の起源を求めることはむずかしい。しかし、毛皮と熊の胆《い》などの動物性薬品が商品として流通するようになった近世の幕藩体制下においては、狩猟専業者群が輩出してきたのである。

このような狩猟専業集団であるマタギを成立させた母体は、もし作物を獣害から防ぐことを狩猟発生の主要な契機と考えるならば、平地や沿岸部から山中へ入ってきた人びとではないかと考えられよう。しかし、狩猟者の伝える山ことばや山の神信仰は杣人《そまびと》のもつそれとの共通性を示している。したがって、杣人から狩猟者が派生したという見方もできるのであり、狩猟民の成立については、今後に課題を残している。

なお、狩猟者の出自を語る文書（巻物）の成立には修験道の影響がみられ、山伏が同時に狩猟者であった可能性もある。

狩猟儀礼の根幹には狩猟信仰があり、その中核には山の神がある。獲物があると何らかの形でその成果を山の神に報告し、感謝する儀礼がみられる。たとえば福島県大沼郡昭和村大芦では、熊がとれるとトリッキとよぶ黒文字の枝を五本切り、それに熊のヨツデ（四足のこと）と頭の毛を抜いてはさみ、仰向けにした熊の頭近くの雪上に猟師がさし立てて、唱え言をしたという。また熊本県球磨郡五木村の猟師は猪をとると、その心臓を七つに刻んで串にさし、山の神に捧げて猟を感謝した。さらに、捕獲した獣を供養する儀礼を行うところもあった。

山師の仕事

立木を伐採する仕事に携わる者を一般に山師とよぶ。木材が商品価値をもち、その需要関係が広い範囲で成立するようになる以前には、山師の活動の場は建築材や橋材の伐り出しなど、みずからの居住地域内にかぎられる場合が多かった。ところが、近世に入り大きな資本が山林を買い取って大量に木材伐採を開始すると、仕事を求めて渡り歩くワタリ山師とよばれる人びとが活動し始め、その結果、山師の技術の向上が図られた。それとともに各地から多数の山師が集まり、組織だって仕事を進める必要が生じた。そのさい重視されたのは個々の山師のもつ技倆《ぎりょう》であり、高度な技術をもつ者ほど重要な役割が与えられた。

山師の仕事は多様であるが、その内容により伐木・製材・運搬の三つに分けられる。たとえば、杣《そま》は伐木と荒けずりの製材に従い、杣のあとを受けて製材するものを木挽《こびき》という。木材運搬にはこれらの者が当たる場合もあるが、木馬《きんま》ひきをはじめヒヨウなどとよばれる専門の者も多かった。

伐木に要する一般的な道具は、鋸・斧などである。伐木はどの方向に木を伐り倒すかにより、倒したい方向から斧でウケを木の径の半分ほどまで入れる。その後反対側から鋸を入れて伐り倒した。木を倒した後の切株にはその小枝をとって差し立てることが各地でみられていた。

製材するためには、倒した木をツルなどを用いて仕事のしやすいところへ移動させる。普通リンとよばれる台を施設して、これにかけて行った。墨壺を用いて線をひき、これに沿ってヨキ（斧）ではつってゆく。またオガ（大鋸）などとよばれる大きな鋸で線に沿って挽き、板材に仕上げる。

山師たちは危険な仕事をしていることもあって山の神を厚く信仰した。幹が三股に分岐しているような山中の木を山の神の木として伐らずに残すし、また山の神の日には山に入らないとするなどの禁忌を伝えている。山中で道具を失ったときには、みずからの男根を露呈してそれを振れば山の神は女神なので喜び、すぐに道具が見つかるといういい伝えもある。また、斧の刃部には普通両面合せて七本の溝がつけられているが、これを魔除けといっている。

炭焼き

木炭は古くは製鉄と鋳物に多く用いられるところから特殊な集団が炭焼きに従事したが、明治中期以後に各地に広がり大正期から昭和にかけてもっとも隆盛をみた。白炭・黒炭・鍛冶炭などが生産された。その生産には焼子慣子が伴い、山村の社会関係が反映した生産様式を示している。炭焼きに従う人びとも山師と同じく山小屋生活をし、山の神を信仰するなど、両者の間には類似する点が多い。

木地師とサンカ

木地師は山中において轆轤《ろくろ》を挽いて木地椀などを作り、付近に良材がなくなると移動して生計をたてた人びとである。木地師は小野宮惟喬《これたか》親王を祖神とするという伝説がある。木地師の用いる轆轤を作ったのが惟喬親王だからだと解説されている。近江小椋谷（滋賀県東近江市）の蛭谷、君ケ畑にそれぞれ鎮座する筒井八幡宮、太皇大明神両社から山林伐採の免許状を受ける。両社は毎年各地の木地師のもとに連絡員を派遣し連絡を保っていた。これを氏子狩りといい、全国の木地師はこの両社を頂点とする体系に組み込まれる中で全国の山中を漂泊していたが、木地物の需要が減るにつれ里に下り、現在では東北地方のこけし作りや各地の漆器製作の中にその技術を留めているにすぎない。

サンカは家財道具を背負い、集団で山間水辺を漂泊移動し、箕作りを主生業としていた山民の典型である。テンジンとよばれる自在鉤《じざいかぎ》をもち、これを土中に突立てる。このテンジンを立てたところに張る天幕がセブリで、住居となる。川漁をよくし、川のかたわらに住居をもっていた。傀儡子《くぐつ》などの漂泊芸能民は一方で竹細工などもしていたので、サンカは漂泊芸能民の母体であったとも想像されている。

3　海民の民俗

海人

山民に対する海民の代表的事例は、沿岸の村々に住んでいた海人《あま》（海士、海女）たちで、おおよその分布からいうと、太平洋岸では東は房総半島の南端まで、日本海側は福井県までで、ほとんどが西日本に偏っているという特色がある。

貝原益軒は『日本釈名《にほんしゃくみょう》』で、海民を三つに分類して説明している。すなわち、

> 魚とるあまあり、海辺の山の木をきりてうるあまあり、かづきの海士あり。以上三のあま也、（中略）かづきのあまは水に入つて、あはび、さゞえ、ゐがひ、わかめ、みるなどとる也。三のあまともに、つねに船を家としてくがにすまぬもあり。俗に家ぶねと云。

とある。

宮本常一は、海人を、㈠半農半漁型と㈡専漁型の二つがあると考えた。㈠は、海岸に居住して漁撈を中心にした生活をたてつつ、一方では陸地《くがち》にも土地をもって多少の農耕に従っていたもので、陸地の占有権も認められていたらしく、そのことによってムラを形成していた。たとえば『和名抄《わみょうしょう》』に出ている海部郡、海部郷などである。

これに対して、㈡では、海への依存度が高く、したがって陸地に住居はもつものの、まとまった集団は形成していない。瀬戸内海東部の備前（岡山県）や播磨（兵庫県）、若狭湾沿岸（角鹿《つぬが》つまり福井県敦賀）の海人がそれであり、これらは有名ではあるが、ただ名を知られているに過ぎなかった。

家船の人びと

そのような海民の系譜をひく海上漂泊者に家船《えぶね》の人びとがあった。かれらは九州北西部、特に長崎県の海岸に陸上根拠地をもち、水上生活をする漁業者である。盆・正月・祭り以外に根拠地に帰ることはほとんどなく、船を住まいとするところからこの名が起こったとみられる。しかし、現在では陸地定着化が進み、事実上消滅したらしい。

家船の特徴は、㈠網漁と銛突き漁をするが、特に男が潜水漁をし古くからの海人の漁法を行うこと、㈡漁獲物を婦人が頭にいただいて村々を売り歩くこと、にあった。

この家船の人びとに似た漁民が瀬戸内海にいた。かれらは和船による底曳網といえる打瀬《うたせ》網《あみ》漁を行い、それゆえにウタセテグリモンとよばれる。また居住地名からノウジ（能地）、フタマド（二窓）などともよばれた。さらに、婦人たちが魚桶を頭上運搬して魚を売るとこころから、カベリ、イタダキなどとよばれていた。

漁法と漁撈組織

現在漁村に住み漁業を営む人びとは多様であるが、そこに伝わる漁法によって分類してみると、㈠漁具を用いず魚を摑み抱き捕る方法、㈡鮭、鱒、鰻などを鉤でかけて捕る方法、㈢竹で編んだ籠で魚を伏せて捕る方法、㈣竹編みの筌《うけ》を用いる方法、などがあり、これらは㈠がヤスやホコで魚を突刺す方法、㈡が釣漁、㈢が網漁、㈣が魞《えり》や梁《やな》を経て定置漁へと、それぞれ発展したという。このことは必然的に漁撈規模の拡大化をもたらした。これまで一人二人で行っていた単純な漁法とは異なり多くの人手を要する組織だった集団漁法化へと変化したのである。

カナギ、イソミ、イサリなどとよばれる見突き漁やカツギ漁（潜水漁）などのもっとも原始的な漁法では二人ないし数人の協力がみられるが、多くは夫婦を基本とする家族単位で行われていた。この単位が少し拡大したものが、海女の漁撈のほか網漁、延縄《はえなわ》漁にみられる協業関係である。

漁村の漁撈組織は、村網、地下《じげ》網、百姓網などとよばれる一つのムラ全体をもって構成されるものであり、この漁撈組織には村落協同体としての規制が強く働いている。

漁撈を行う上では協同することが必要であり、その場合各人が等しい資格で漁撈に加わるという共通性をもつのである。

一方、網や船の所有が網主や船主に握られると、多くの者は網子・船子としてその下に雇われるという経営形態になる。そこには、網子が網主に隷属するという親方子方の慣行が貫かれてくる。さらに、網主が在村の者ではなくて仲買や商人である場合もみられる。このような漁撈組織のあり方が漁村の社会関係を規定しているといえよう。

漁獲物の販売

漁民は漁獲物を農村に持ち込み、農作物と交換あるいは販売して生計を維持した。主として行商の形態をとり、漁民の婦人たちがこれに当たった。たとえば阿波のイタダキをはじめ、備後・安芸のカベリ、石見《いわみ》の海岸から長門・周防《すおう》にかけてのカネリ、筑前から長門・周防にかけてのシガ、山形県酒田市飛島の五月船《さつきぶね》とよばれる人びとがおもなものであり、それぞれが各自の得意先をもって活動していた。

飛島の五月船とは、対岸にあたる庄内地方や秋田県由利郡（由利本荘市、にかほ市）の約一万戸に及ぶ、檀家とよばれる得意先を田植え前に訪れ、田植え肴を売るとともに、米の収穫期にはアキブネを出して海産物を運び、田植え肴の分も含めて米と交換するという形式であった。

漁民の信仰

漁民の信仰の基底には大漁と安全に対する祈願がある。各地に普遍的に広がっている船霊《ふなだま》信仰は女の毛髪をはじめ、銭・賽などをご神体として帆柱の下などに祀るもので、不漁が続けば船霊を取り替えるというところがある。また海難者の死体をエビスと称して丁重にあつかうこと、また海中から引上げた石や選《よ》り物のほかクジラやサメなどをエビスとよぶ例もある。不漁が続くときにはマンナオシとかゲンナオシという儀礼を行い大漁を祈った。現在漁民の信仰を集めている山形県の善宝寺、宮城県の金華山などの社寺は、漁民が山アテの対象とした霊山に対する信仰がもとになっている。海上において漁場とみずからの位置を知る上で山アテは不可欠の手段であったわけで、海に面した高い山が自然と信仰の対象となったことがうかがえよう。

参考文献

宮本常一『山に生きる人びと』未来社、一九六四年。

宮本常一『海に生きる人びと』未来社、一九六四年。

最上孝敬『原始漁法の民俗』岩崎美術社、一九六七年。

高桑守史『漁村民俗論の課題』未来社、一九八三年。

亀山慶一『漁民文化の民俗研究』弘文堂、一九八六年。

千葉徳爾『狩猟伝承』法政大学出版局、一九七五年。
大林太良編「山民と海人」『日本民俗文化大系』5、小学館、一九八三年。
野口武徳『漂海民の人類学』弘文堂、一九八七年。

8　女性と子供

1　妹の力

優れた巫女

民俗文化の担い手としての女性と子供の存在は、民俗学にとってきわめて重要である。過去の民衆生活を再現するにあたって、これまでの歴史学のアプローチでは、歴史が男性中心に構成される傾向が強かった。近年女性史学が確立するに至って、女性の民俗の位置を無視できないし、また子供のもつ文化的位置づけに対しては、これまでの民俗学における子供に対する視点が十分に生かされねばならないのである。

女性の民俗文化を考えるとき、柳田国男が初期の段階から注目していた女性の信仰上の役割がある。これを総称して「妹《いも》の力」と表現しており、それはとりわけ巫女《ふじょ》そして沖縄の女性祭祀などに主要な資料が求められている。柳田のこの分野における代表的な論文である『妹の力』には、次のような一文がある。すなわち、自分たちの学問で今までに知られて居ることは、祭祀祈禱の宗教上の行為は、もと肝要なる部分が悉く婦人の管轄であつた。巫は此民族に在つては原則として女性であつた。後代は家筋に由り又神の指定に随つて、彼等の一小部分のみが神役に従事し、其他は皆凡庸を以て目せられたが、以前は家々の婦女は必ず神に仕へ、たゞ其中の最もさかしき者が、最も優れたる巫女であつたものらしい。

という指摘である。そしてさらに、祭りに奉仕した女性は、もとは未婚の女子であり、神への供物の分け前に与《あずか》れる者が、神になり代わったその女性に限られていたのではないかと想像されている。未婚の清浄な処女が、代表的巫女として、神霊に奉仕する中心にちがいないとする学説は、折口信夫の巫女論にも共通している。ただし折口の場合は、聖処女といいながらも、月経を不浄視しないという前提があり、月の障りを忌避した後世の神社神道とは異なった見解を導いている。それは女性に固有の生理であり、むしろ神霊との交流を可能にする印ではないかというのが折口の理解であった。

オナリ神

一方、女性に伴う「妹の力」の発現については、具体的に女性の霊異が発揮されている沖縄の姉妹の霊であるオナリ神がしばしば例示されている。

(1)沖縄では近年まで、姉妹に兄弟の身を守る霊力があると信じられ、旅立ちに際し、姉妹の髪の毛や手巾などを貰いうけて持っていくという風習があり、(2)古くからの神歌や琉歌のなかには、この信仰を示すような歌がいくつもある。(3)姉妹の霊をオナリ神と呼んでいたが、国王の姉妹が就任する聞得大君《きこえおおぎみ》とは国の最高のオナリ神であった、という特徴が指摘されている。

民俗学の課題は、本来沖縄のオナリ神は特殊な事例ではなく、本土全体の民俗文化の中に普遍化できる現象ではなかったかという点にあった。

「妹の力」を女性史の上に位置づけることは、柳田の言によると、

前代の女性が霊界の主要なる事務を管掌して、能くこの世の為に眼に見えぬ障碍を除去し、必ず来るべき厄難を予告することによつて、言はれなき多くの不安を無用とし、乃至男たちの単独では決し難い問題に、色々の暗示を与へる等、隠れて大切な役目を果して居たことは、もう我邦ではわかりきつた歴史である

というように、男性だけでは解決しきれないさまざまな歴史上の課題にとり組んできた女性の力を高く評価することにあったといえる。

この観点は、男性の優位性を主張する社会にあって、女性司祭者の隠れた資質を強調する事例によって証明されてはきたが、一方、日本文化史の中で、女人禁制や不浄という被差別要因によって、祭事の中から女性が排除されるという状況と対置されることになる。

女性民俗の中で顕著な、女の穢れとの関係からいうと、血穢という出産や月経という生理的な現象は、人類に共通する要素から発現したものであり、生殖能力と結びついている。

女神主

聖処女の大部分を、初潮をまだみない女性に限定してしまったのは、むしろ中世以後の神道側の対応であり、本来の高級巫女には、沖縄をはじめとした南島に限らず、本土の古代においても、月経を忌避する傾向は少なかったとみられている。そのことは、具体的な民俗事例の上からもうかがえる。たとえば愛知県の日間賀島《ひまかじま》では、正月五日までの間に、重要な神事である氏神祭が行われるが、その折の司祭者は夫婦頭家《とうや》であった。頭家の妻は花嫁姿で祭りに参加したという。そして氏神のご神体をシンボライズしたと思われるボンデンのシメアゲをするのは、一の頭と二の頭の妻女であり、二人の女性司祭者は、正月一四日の夜、岩の上から海の彼方に向かって神送りをするという主要な役割を担っている。正月一四日の夜の聖なる時間に、もし誰かが二人の女神主に出会ったりすると、たちどころに病気になってしまうといういい伝えがある。二人の女性がきわめて霊異のある存在となっていることがわかる。これを報告した瀬川清子は、女神主の関与は、海の魚を多産する必要から行われたものとみている。

島根県北浜村十六島《うっぷるい》（出雲市）の事例も興味深いものがある。この島では定められた一二戸の頭家が一年交替でつとめる。頭渡しの儀礼をみると、夫婦そろって行われる。その際、妻は紋付にうちかけを新調して出かけた。そして前年度の頭家の夫婦から、頭渡しされ、千鳥がけの盃が交わされることによって神祭りの司祭者に位置づけられている。頭家夫婦の子供も、祭事では重要な役割を与えられているというから、一家全員で頭家をしていることになっている。頭家の妻は、どうしても必要であり、不在の場合は親類の者が、また後妻ならば娘があたるときもあったという。頭家夫婦が当初から関与していたことは明らかなのであり、その場合もちろん妻の自然の生理現象は排除されてはいない。

こうした事例からみると、女性司祭者はいずれも既婚者であり、子を産み育ててきた妻であるから、一生涯清浄を課せられた聖処女の巫女とは異なっている。

周知のように、奄美、沖縄諸島には女性司祭者が優勢であり、その際神役につくノロやカミンチュたち巫女の出産、月経に対する忌みが問題になっていた。そして月事の穢れに、禊をするというよりも、月経が長つづきしたり異常な場合を神女になった兆しとする考え方が注目された。たとえば「月経がしょっちゅうある場合、それをカミチ（神血）を頂いたという。神の血筋を頂いたということである」というカミンチュの言は暗示に富んでいる。すなわち月経は神の血であり、そこには不浄観の介入がない。むしろそれが女性司祭者の要件の一つになっているのである。

「妹の力」は、祭りに際して神の託宣をきく能力をさしているが、これが未婚の女性に限定されていたのではなく、一般に生殖能力をもつ女性が発揮できたとみるほうが妥当なのではあるまいか。「産む性」は女性独自のものであり、月事と出産にかかわる民俗文化を豊かに伝承させてきたのである。月事や出産を血穢として忌避する民俗は、たとえば、月小屋とか産小屋による隔離された生活によく示されるが、別火で寝所を別にする、神社参詣を遠慮するといった習慣は、明治に入って急速に消滅したけれども、なお古老の聞き書きから知ることができる。

2　主婦のイメージ

生殖の力

農業と女性が不可分の関係にあることは、農作業のプロセスの中からうかがうことができるが、とりわけ稲作における女性の地位は重要であったことが民俗学の上から説明されている。

柳田国男の文章に次のような一節がある。

即ち以前は女が農業に参加してゐた部分は今よりも遥かに多かつたのである。寧ろ農業といふものは女だけの仕事であつたのではなからうか。その一つの暗示として今日の未開人社会に幾多の実例を見出すことが出来る。我国に於ても漁村の畑作などにはまだ充分痕跡が残つてゐる。かやうに農業が女の仕事であつたことには、二つの原因があつたと思はれる。即ち男は漁士や山子のやうに男でなければ出来ない、漁獲や狩猟の仕事に出て行つた為と、今一つは女は「殖すもの」だといふ観念がマヂカリー（呪術的）にはたらいてゐたことゝである。（『郷土生活の研究法』）

ここに示されているように、女性の生殖能力が女性の文化創造力のベースになっていることであり、端的にいえば、子を産み、子を育てながら、イエの維持につとめる能力である。これは母親でありかつ主婦というイメージからとらえられている。

たとえば、民俗学上説明されている五月五日は男子の節供ではなく、むしろ女の節供だった。五月はサツキであり、「サ」は田の神を表現している。すなわち田の神が田植えの直前に、降臨してくるという信仰に合わせ、田植えをする早乙女たちが、精進潔斎のために、我が家の一室にお籠《こも》りをする日であると考えられていた。これを別称「女の家」とか「女の天下」などといい、女性優先の儀礼が行われたことが示唆されている。魔除けのための匂いの強い菖蒲が使われて、菖蒲湯になったり、寝具の下に敷きつめられたりするほかに、やはり特有の香りのある蓬餅が作られたのも、菖蒲と同様に、匂いで邪悪なものを近づけさせないためと説明されている。「女の家」に、訪れてきた神霊と性交することによって、女性は、巫女のつとめを果たしたのだと折口信夫は説いている。神聖な夜で、男性はこの夜、家に入れないのだとさえいわれていた。こうした「女の家」の設定は、農耕社会における女性の聖性を表現するもので、主婦としての女はイエの私的な祭祀を司祭するのが一つの役割だと認識されていたことになる。

カカ座

また伝統的な農村のイエでは、主婦が座るイロリの座を、「カカ座」といって大切にしていた。イエにおける主婦の地位が格別であったことははっきりしている。「カカ」は、上《かみ》からきた語で、カミサン、オッカサンに通ずる。この背後には、主婦に対する尊敬の意が含まれるといってよい。主婦を「山の神」などといっている理由も、「カカ」に伴う霊力にもとづくものと考えられていた。それは何かというと、子を産むという生殖力によっているからである。子を産み、育てる力は、男にはない。女性と男性の性差は明確であるが、文化次元においては、まだ両者を区別する基準がはっきりしていない。しかし「カカ」すなわち主婦に表現される文化に注目すべきであり、「カカ」が家に忌籠る「女の家」の伝承は、その原点を示すのかも知れない。

柳田国男の主婦論

倉石あつ子は、そうした柳田の主婦論を四つに分類している。

一つは女性一般の能力に対する視点で、『巫女考』『妹の力』などに代表される霊力についてのもので家政一般に関する女性の機能についてのものである。

二つは家族制度の変遷に伴う主婦権への視点で、かつては大家族のなかにあって、その成員を束ね、家を切り盛りしていく上で主婦は重要な位置を占めていた。主婦の出来いかんによって家は大きくもなり衰退もする。したがってその家を切り盛りしていく主婦には、時には男をも叱りつけていうことをきかせるような権限が与えられていた。しかし、家族制度の崩壊にともなって家は小家族になり、それにつれて、主婦の権限も縮小されたという。

三つは現状の主婦に対する視点で、小家族化した家庭内においては主婦の権限もまた矮小《わいしょう》化《か》したが、それは女たちが自分たちの過去の歴史を知ろうとしなかったからであるという。柳田が歴史のなかにとらえた家刀自《いえとうじ》の存在は、現状の主婦たちの存在とは比較にならないほどに大きなものであったとする。そして社会参加する女性が増えつつあった社会状況の中で、それは女にとっていいことかもしれないけれども、イエの継承ということに対しては責任感がなくなってきていると不満を訴えている。柳田の中には常にイエの継承という問題意識があり、そうした柳田の図式のなかにおける女性は、あくまでもイエを継承するという仕事の中で能力が発揮されるべきだとするのである。

四つは女性解放に対する視点で、当時盛んになってきた女性解放運動に対する密かな批判もあった。柳田は女性解放運動がイエを否定した理論の上に成り立っていることに対して、真っ向から批判の矢を向けるようなことはしていない。しかしイエの継承ということに固執する柳田としては、諸手《もろて》を挙げて賛成できる運動ではなかった。たとえば女の社会参加を促しながらも、それは男に伍《ご》していくような参加の仕方ではなく、あくまでも主婦として家の中で自分がどうあるべきかを学ぶような機会がもてる参加の仕方を呼びかけているのである。実際にそうした柳田の指導によって、民俗の担い手としての女に眼が向けられ研究対象

とされるようになった、と指摘している。（『女性と経験』一四号）

ところで家のなかにおける主婦の働きに注目した場合、当然、主婦は家長・舅・姑・小姑といった利害関係の対立するものたちとの関係にも触れなければならない。特に家長権との対比は、主婦権の位置付けをする上ではぜひとも必要なものであろう。また、婿養子が家長権を手にする過程と嫁が主婦権を手にする過程とは違うものだろうか。柳田の設定した主婦の理想型はわかるが、現実の資料と柳田の理論との差をどう埋め合わせるかという検討はこれからなのである。

次にイエ制度は崩壊したというが、まったく崩壊したわけではない。一方には結婚しない女・男が増えていることも事実であり、結婚しても姓を変えない女や家事を夫としっかり分担している夫婦、経済的な負担を半々にしている夫婦など現代社会にはさまざまな家の形態が生まれている。したがって主婦とよばれる女たちの権限や機能も、柳田が主張した家の継承といった範疇からはずれてきていると思われる。今後民俗学はこの多様化した対象としての女性たちを、どのように扱っていったらいいのかという課題が成立している。

3　子供の文化

七歳までは神のうち

カカに育てられる子供は、七歳が一つの折り目であり「七歳までは神のうち」という口碑《こうひ》があるように、七歳以前と以後を区別していた。岩手県下で「七つ子参り」という習俗があるが、これは村祭りの日に、七歳になった男子と女子とが、それぞれ精進潔斎して父親に連れられて宮参りをすることである。その折、紐のない着物を晴着にしたということが、それまで幼児であったことから帯をむすぶ大人の姿に近くなったことを示唆しているのである。現代の民俗として定着している七五三は、伝統的には「七つ子参り」のような、氏神に子供の守護を祈ることを目的としていた。七歳で、今まで守護してくれていた産神《うぶがみ》の手を離れ、地域社会の氏神の管理下に入るのであり、そのことは、社会からその存在を確認してもらうことを意味したのである。

子供組

かつては七歳を過ぎると、子供組に入る地域が多かった。子供組は、七〜一五歳までの子供の集団である。現在では子供組の存在はほとんどなくなっているが、明治以前は、現在の学校教育と同じ機能を果たしていたのである。子供組には、新参の見習いにはじまり、小頭となり親玉または大将に至るまでの階級が定められていた。家ではどんなにわがままであっても、子供組に入ると、先輩にあたる親玉の命令に従って行動するように訓練を受ける。子供組として集団生活を営むのは、だいたい小正月の行事の時であった。

たとえば秋田県横手地方にカマクラがある。カマクラは、神の居る場所を意味し、神座《かみくら》からきたのであろう。子供組が雪室のがんどうを作り、子供たちが、向かい合って座り、男の子が主人役を、女の子が主婦役をつとめる。一見楽し気な行事であるが、子供たちにとっては、集団の社会教育の場でもあった。このカマクラと同様な意味をもつのが、小正月の道祖神祭である。道祖神は、近世農村社会では、むしろ子供の神でありかつ性の神と考えられていた。道祖神は農耕に必須の豊穣をもたらす霊験を前提としており、生殖や子供の増殖力が期待されたものと思われる。

ところで男の子は一五歳になると、一応成年に達したと判断された。別に元服祝いとか烏《え》帽《ぼ》子《し》祝いなどというように、男子優先の思想がよく表われている。その際、母方の叔母からふんどしを贈ってもらう風習があった地域がある。これを「叔母くれふんどし」と称しており、一人前となって生殖行為を果たすことが社会的に認められたことを意味している。一人前の男になった印として、最初に身につけるふんどしを、年上の叔母から、それもとくに母方に限定したところに意義がある。つまり女性のもつ不思議な霊力が、これからスタートする男子に付与されると信じられていたのである。

七五三の祝い

今日はやっている七五三のうち七つのお祝いは、それなりに一つの意義があるが、本来五歳と三歳のときには無理に氏神に連れていく必要はなかった。三歳と五歳では、五歳には男子が着物を替え、袴を着せ、三歳には「紐落とし」といういい方をして、今までの紐を取り替え、今度は帯を付けさせた。いわば半分一人前の恰好をさせるという形で、装いを替えるということはあった。しかし氏神への挨拶は七歳のときで十分であるという考えがあった。ともかく七つを重要視する考え方が強かったのである。

たとえば、七軒乞食とか、七軒雑炊という習俗があり、氏神参りをすませたあと、七つになった子供が親に連れられてあちこちから物もらいをして歩いた。物をもらうというのは子供にとって一つの特技である。物をもらうのが当然であって、相手からもらって自分の中の力を増していくという考え方がある。なるべくたくさんプレゼントを受けるということが重要であったし、もらったものを一緒に食べるという共食することが重要だった。つまり、食べるものをもらったらみんなでわける。雑炊とか、乞食というのは、物もらいをするという意味をもっている。これは、六歳までは産神の支配下にいた子供が七歳で氏神の管轄下に入ってきて、地域社会の住人になったから、それまで与えられていた霊的な力が弱まってくる。だから、今度はさきに生きている大人たちが子供に新しい力を付け加える必要がある。そこで、七歳の危険な時期を通過するときには、氏神と大人たちからたくさんのプレゼントをもらおうということが通過儀礼としてあったのである。

したがって、七歳を厄年としているのはプラスの面とマイナスの面と両方があり、危険な時期になっているのだから力を付けてもらうという考え方と、さらに現代社会では学校へ行く形になるが、災厄をはらって新しい役に付くのだという考え方とがあったのではなかろうか。七つといういい方は、「のんのさん」という言葉と同じだという説明があり、超自然的なことに対する七つという特別ないい方でもあった。子供はその時期を越えることによって新しい世界に入っていったわけである。

参考文献

瀬川清子『女の民俗誌』東京書籍、一九八〇年。

牧田茂『神と女の民俗学』講談社、一九八一年。

宮田登『ヒメの民俗学』青土社、一九八七年。

宮田登編『性と差別』春秋社、一九八九年。

倉石あつ子「柳田国男の主婦論」『女性と経験』一四号、一九八九年。

宮田登『霊魂の民俗学』日本エディタースクール出版部、一九八八年。

福田アジオ「柳田国男における歴史と女性」『国立歴史民俗博物館研究報告』第二一集、一九八九年。

大藤ゆき『子どもの民俗学――一人前に育てる』草土文化、一九八二年。

倉石忠彦『子どもの遊びと生活誌』ぎょうせい、一九八六年。

9　老人の文化

1　姥棄ての伝説から

老人と子供

老人は、女性と子供と同じように、民俗文化の担い手として重要な位置にある。たしかに老人は年齢的には社会的立場から一歩退くことになり、社会の運営の実務に携わらないことが一つの特色となっている。公的な立場から引退してすなわち隠居となったり、定年退職という生物学的な年齢からみるならば、老人の活躍度が少なくなり、家庭内における老人の地位にも影響を与えてくるだろう。

〝老い〟が、高齢者社会の現代においては、大きな課題となっているが、伝統的な民俗社会では、〝老い〟がどのように受けとめられ、老人がどのような民俗文化を形成させていたのか知っておく必要がある。

年寄りあるいは老人を語る諺は数多くあるが、そのなかでもっとも多いのは、「老てふたたび乳児《ちご》となる」という類の、老人と子供の親縁性を説明するものである。「乳児」は「稚子」とも書くが、老人も子供も成人とはちがった独自な能力をもっていることを示唆している。

老いがはじまるのは、四〇代からあるいは五〇代からともいうが、『令義解《りょうのぎげ》』には、「六十一為老　六十六為耆」とあって、一般に、六〇歳をもって老人とすることが古代以後は制度的に規定されていたのである。「年寄りは二度目の子供」という場合も、一方では老人が純真な子供と同じであることをいうけれど、他方では、手に負えない聞きわけのないという邪魔者扱いのイメージも存在している。

一般論からいって、伝統社会では「老人は家の宝」であり、「年寄りも世帯道具」といったように、イエにあって生活していく上でなくてはならない存在だったといえるだろう。

ところが、日本の民話のなかには、姥棄山《うばすてやま》の伝説のように、邪魔になった老人が、六〇歳以上になると、共同体外に遺棄されるという慣習があったように説き、実際どこそこの土地がウバステの場所と特定しているケースもあった。

あの世との境

群馬県利根郡新治村（みなかみ町）の猿ヶ京では、利根郡のとなりの吾妻郡とのちょうど境にあたる南山という山が、姥棄ての場所になっていたという。南山の一隅に地獄谷という場所があって、昔は村で六〇歳になった年寄りが、そこに棄てられたというのである。老人は身のまわりの道具をもって、地獄谷に置き去られてしまう。ひとたび地獄谷に入った者は、二度と戻れないといわれていた。ところが一人の孝行息子は老母をそこへ棄てることを避けて、ひそかに縁の下に隠しておいた。あるとき殿様から難問がだされた。殿様が隣国と戦争をして負けてしまい、「灰の縄をなって出せ」といわれた。そこで殿様は困りはてて、領内にご下問になったのである。孝行息子はその難問を老母に聞いて解決してもらい、おかげで老母の命を救うことができたというお馴染みのストーリィとなっている。

やはり群馬県の事例で、多野郡鬼石町坂原（藤岡市）というムラではもっと場所が具体的になっている。ムラのいちばん奥で雨降山という山のすぐふもとの地点に鏡森というこんもりした森があり、その森を出て少し上のあたりに洞窟があって、その中に老人を棄てたといっている。月夜野町では、石倉の「ウバビトコ」という地名のある場所がそうだというし、「人落し」という地名や「狼谷」であるといったりする。いずれも赤城山の周辺の地域に集中していることなども一つの特徴のようである。

「人落し」の地名は、崖上にあたっていて、その奥の谷へ老人を落としたのでその名がついたとまことしやかに伝えている。今はもう郊外の新興住宅地になっているところに案内されて、昔このあたり「ばば山、じじ山」とよんで姥棄てのところでしたなどと聞くと驚いてしまうが、そうした場所には、一昔前の住民たちの特別な感覚が寄せられていたのである。

霊山信仰

群馬県には、地域社会の中心に霊山というべき赤城山があり、この山には昔から死者の霊魂が集まる場所としての信仰があった。今でも赤城山にはその信仰が残っている。主峰地蔵岳の頂上には、死者の霊を封じこめてある壺が埋められており、お盆のころになると、そのふたがあくといういい伝えがある。山麓を歩くと死者の霊のつながりを説く伝説は数多くあり、姥棄てもその一つの類話ともいえる。

それぞれの地域社会には、ちょうどこの赤城山に類するような霊山があり、そこに死者の霊が寄り集まると信じられていたのである。

2 姥棄ての四つの型

姥棄山伝説は、日本だけの話ではなく、東アジア世界に分布していることが知られている。ストーリィの根拠となる出典は、中国の『雑宝蔵経』や『法苑珠林』で、これらの仏教文献の中に記されており、老人は父親であって、息子が年老いた父親を遠方に棄てる。しかし老人の知恵がたいせつなことがわかり、老人は優遇されるという結末となっていて、諸民族に共通して伝えられているのである。

ところが、話のしかたにそれぞれお国ぶりがあるというのが、柳田国男の見解である。柳田の説に従うと、日本には四つのタイプの姥棄山伝説が語られているという。

祖父と孫

第一は、ある男が六〇歳になった親をもっこに入れて、小さい息子に片棒をかつがせて山の奥へ棄てにいった。親を山中に置き帰ってこようとすると、孫が父に向かって、このもっこは家に持っていきましょうという。やがて必要なときがあるからといった。それを聞いた男は、もっこがやがて自分のときに使われることを覚り、親を棄てることをやめて戻ったというのである。話の中心は、孫が父の不孝を諌めたという点であるが、山奥へわざわざ出かけて行ってから孫が諌止《かんし》したという点が興味深い。幼い子供の一言で決着したのは、老人と子供との深い結びつきを示唆していたのかも知れない。しかもこの話は、中国、日本、朝鮮のアジア以外、ヨーロッパ各地にもあって、「自分の息子の無邪気な行動が不孝の息子を責める」という点で共通している。現代の老人問題を考える場合にも、幼い子供すなわち孫の存在を抜きにしてはいけないことを、この国際的な姥棄山のモチーフが示しているのである。

老人の知恵

第二には、老人の知恵が卓越していることについていろいろと説明する内容である。昔ある国の王は老人不要論を唱え、老人を棄ててしまうよう命令した。ところが一人の孝行息子はその命に背き、床の下に親を隠して、食物を運んで養っていた。そのうち敵国が攻め入り、難題をふっかけてきた。孝行息子は難問を親に相談すると、簡単に解決してくれたので、答えを王に申し出て、褒美のかわりに親を手許に置けるよう乞うた。王は老人の知恵が優れていることを覚り、以前の命令をとり消したという。この話は文献上ではもっとも古くから伝えられており、老人の物知り話は村々では大いにうけて、子供たちに人気もあり、年寄りはたいせつにしなければならないという教訓となってきた。

嫁と姑

柳田国男は、右の二つの話はいずれも外国産であり、日本独自のものではないと指摘している。それでは日本独自の姥棄て伝説とはどんな内容かというと、これが第三の類型となる。たとえば人口に膾炙《かいしゃ》している長野県の姥棄山などはその代表的事例であった。棄てられる老女について、それがウバつまり伯母だったとか「姥」と表現される母親であったという、共通して女性がその対象となっているのである。そして姥を養っている息子夫婦が存在しており、息子の心根は優しいけれどその嫁は意地悪で嫁と姑の関係がそこに浮かび上がってくる。嫁は姑を追い出そうと、亭主をそそのかし、いたしかたなく男は母親を背負って山へ置いて帰るが、里に戻っても母親のことを忘れることはできない。そしてついに月夜の晩に迎えに行くが、老母は日ごろより心がけの良い人であったので、山の神の加護をうけ幸運を得て、やがて息子に幸運を与えたという。一方悪い女房は、山の神からの運を姑と同じように得ようと思い、わざわざ山中に棄ててもらったがかえってひどい難儀を受けて死んでしまった。この姥棄山は、勧善懲悪の発想で、良い姑、悪い嫁の対立を描いてもいる。

母親と子供

さて第四の昔話は、棄てられる母親が子に背負われて行く途中、道の木の小枝を折って行った。どうしてそうしたのかというと、山中に母親を棄てた息子が家に帰るときに道に迷わないようにと背負われた母親がわざわざ跡をつけていったというのである。「道すがら枝折《しおり》枝折と折り柴はわが身見棄てて帰る子の為」と老母が詠んだ歌もある。息子はそのことを知り親の愛に感じ入り、親を連れて帰って末永く共に暮らしたという話である。山に棄てられる老母がひたすら子の行く末を見守るという母の慈愛に、これを聞く者は深く感動していたのであろう。

この四つの類型のうち後の二つは、日本産といわれている。この姥棄て伝説では、棄てられる母親が主人公であり、そこには母と子の関係、さらに嫁と姑の関係の二点が強くうち出されているのである。母と子の間には、母の息子に対する深い愛情が絆となっており、そこに嫁が介在すると悪い嫁のイメージが出されてしまっている。欲張りの悪い嫁が、夫の母に辛くあたるという家族関係がそこには反映しているのである。柳田国男は、こうした母性化のストーリィが話題となっている点に、日本型の一つの特徴をとらえようとしており、これは日本文化の深層にかかわる文化要素として嫁、姑、母親、子供といったキーワードが特徴と思われる。

3　老人の権威

神島の隠居衆

「年寄りの言うことは聞くもの」という諺は、おのずと老人の知恵に対していだかれた尊敬の念を表現しているが、民俗儀礼のなかには、老人を年齢の段階で最高位にあるものとして、そこに一つの権威を認めようとすることがしばしばある。ここに三重県鳥羽市神島の神事とそれに携わる老人組織の実例をあげておこう。

神島には、宮持、口米《くちまい》の爺、隠居衆という三段階からなる老人集団があり、そこの老人たちの権威がきわめて強い。神島では、さまざまな儀礼を支える当屋（頭屋）に相当するものを宮持とよび、宮持を一年つとめると、二年目は口米の爺とよばれ、三年目はお礼参りの爺をつとめ、そしてその後隠居ナリの祝を経て隠居衆となった。まず宮持になることが重要である。これは氏神の爺とよばれる氏神の司祭者であり、六〇歳以上で夫婦健在、不幸とは関係なく、かつ裕福な家といった条件がある。宮持が中心でその補佐役を口米の爺をはじめ隠居衆がつとめるという祭祀組織が成り立っている。

とりわけ神事の中心となる宮持の精進潔斎は厳しいものがあった。毎月の一日・一五日・二八日に海中で垢離《こり》をとり、家族全体が謹慎の生活を送った。三年間は、寺、墓、不浄の家、出産の家へは、たとえ親兄弟であっても近寄ることはできなかったという。宮持の妻は、公的な場にでる時はつねに黒い着物、黒の手拭をかぶるという姿であった。一年間宮持をつとめた後に就任する口米の爺とは、口米が税のことであり、いわば税を管理する役割である。さらに口米の爺は、大漁祈願の伊勢代参と絵馬あげという島の共同祈願の代表としての機能を与えられている。次の段階のお礼参りの爺は神島最大のイヴェントである正月のゲーター祭と六日祭の際、宮持の後見役をつとめる。そして一月一一日に伊勢神宮に参拝してこれまで宮持、口米、お礼参りの三度にわたって大役を果たしたことに対する文字どおりのお礼参りをした。そしてその後その年の五月に隠居と成る。隠居仲間、隠居衆は杖をついても良いとされており、絶大な尊敬をうけており、村中にもめごとがあった場合隠居が解決する。そして隠居は、島の公的行事の際にはつねにゲストとして上座によばれる。盆行事の間は隠居衆が中心となるほか、暮れの一二月の事納めのヤリマショ舟を造り行事を司ること、村人の死に際して花台や花籠を作る役を受持つこと、これは野辺送りの行列において、イハイの周囲にあって重要な役を担っていることを示している。

ゲーター祭と宮持

神島最大の行事は、ゲーター祭と称する大晦日から元旦にかけての祭りである。これは旧い太陽を追放し、新しい太陽を迎える時間更新の儀礼とみなされている。まず中心となる宮持の家に宮持の家と親戚関係にあたっている家の若者たちが集まり、日輪に相当するという丸い輪（アワ）をつくる。同時にサバも作る。サバはもちの木を長さ二五センチ、径五センチほどの一二角柱にしたもので一二の面は一二ヵ月を表わし、各面には一ヵ月に相当する三〇の切りこみが入っているというから、これは一種の暦である。このサバは宮持の家で、代々頼んでいる「家つきの大工」によって作られるという。アワは太陽であり、サバは一年の時間を表現しており、この両者を宮持の家が管理していたことが示唆されている。

ゲーター祭の圧巻は、日輪のアワつきと暦のサバをとり合うサバトリの行事である。大晦日から元旦にかけて、午前二時半から三回にわたり、宮持の家の若者が島中を「ベーロレンノー、ベーロレンノー」と呼び歩く。この間村人は家中にとじこもる。呼び歩いている使の者にうっかり出会うと病気になると恐れられている。そして明け方六時ごろ、白装束の若者が宮持の家に集まり、アワをかつぎ出して神社前にくり出し、神主とともに東の浜に出て行き、そこで二つの組に分かれた若者たちが手にした竹竿でたたき合いをしながら、いったんアワを地面にたたき落し、そしてふたたび竹をアワの中に突きさしてから、空高く差し上げる。この間、宮持と前年の宮持だった口米の爺とは、紋付姿で威儀をただし事態の成行きをじっと監視している。

時間の管理

ゲーター祭にみるアワは、いったん古い時間として消滅した後、ふたたび天空にかかげられる。そのことを「お天道様の虫下《むしくだ》し」という地元の口碑は、旧い太陽が放逐されて、新たな太陽が再生したことをうまく表現しているといえるだろう。しかもそれに伴う暦の時間が定められており、ここでサバトリというのは、失われた時間をとり返して新しい時間が戻ったことを示す意味なのだろう。

重要なことは、こうした太陽と暦による、時間更新儀礼が、老人組織のうちの宮持と口米の爺というその年の当屋と前年の当屋とが交代する時間を契機にして行われているということである。

村共同体の生活リズムの整合性は、年頭の時間の更新儀礼に表現されているのであり、その儀礼の中心の担い手が、当屋である宮持であった。そしてこの宮持の家は、隠居衆というある程度まとまりをもった格式のある家々から構成されていることが特徴である。選ばれた当屋は、一二月一一日の頭渡しを経て、厳重な物忌み潔斎の生活に入る。宮持のシンボルは氏神箱であり、その中には海神綿津見《わたつみ》大神の軸が収められている。この氏神箱が頭渡しの際に授受されることによって宮持の権威が保障されるのである。

近江の長老衆

次に近江地方の村の長老衆の権威についての実例をあげておきたい。

長老になる資格は、一定の条件を備え、所定の儀礼や役職を経験した者であり、年齢順によっており一つの村で四人から一〇人くらいの規模である。この長老衆のうちの最年長者をワンジョウ（腕上・和尚）といい、最高の権威がある。どの村でもワンジョウの年齢は八〇歳から九〇歳代で、高齢者であるため身体に不自由がある。しかし寄合や神事に出席できなくても、ワンジョウは、きわめて重視されている。

たとえば村の共有地と個人の所有地の境界があいまいになったとき、区長など村の役職者が話し合ってもなかなか解決しない場合、長老衆の判断に委ねられる。そこで長老衆の示した境界によって争論が決着するという具合である。「長老のいうことなら間違いない」ということは、その発言が理屈を超えており、「神の言葉」のように受けとめられているという。

村の年齢

関沢まゆみの興味深い報告によると、近江村落の長老は、その村に生まれる者の名前を記録して作った村人の名簿に相当する『座人帳』を代々継承している。この座人帳は、ワンジョウが「ワンジョウ箱」の中に入れて保管しており、ワンジョウが死亡すると、死後ただちに次のワンジョウに受け継がれるのである。この座人帳に記載された順序が年長順であり、これは村で設定した基準の年齢で、生年月日と区別された「村の年齢」というべきものだという。つまり氏子入りをした村の子供は、その後、年行司をはじめとする伝統的な村役をつとめ、神社祭礼の当屋つまり、神主を経て長老となるわけだが、その順序がかならずしも本人の生年月日によってはいない。たとえば本人の生年がたまたま同じ者同士の場合に、まず父親、さらに祖父の生年をくらべて早いほうを上にする。あるいは氏子入りの日に、餅を搗く音を合図にかけ込んで、先に申告した者を年上にしたという。また長期間村を留守にした場合、いったん座人帳から抹消され、ふたたび村に戻った段階で、ふたたび「村の年齢」に適応される、といった具合でいずれも「村の時間」に合わせた基準が設定されていることがわかる。この座人帳は神聖視されており、座人帳を管理する長老とりわけワンジョウの権威の根源となっている。

座人帳にもとづく「村の年齢」は明らかに小地域社会の独自の時間であり暦であろう。そしてワンジョウという最年長の長老がそれを把握していることになる「村の年齢」を授けて村の秩序を維持する機能が、長老に委ねられているのであり、これは、前出の神島の隠居衆の役割に通底するのである。

伝統社会では、こうした民俗文化を営む中核に老人が位置づけられていたのであり、その意義は現代社会においても看過することはできないと思われる。

参考文献

宮田登『霊魂の民俗学』日本エディタースクール出版部、一九八八年。
柳田国男「親棄山」『定本 柳田国男集』第二一巻、筑摩書房、一九六二年。
萩原秀三郎・萩原法子『神島』井場書店、一九七三年。
関沢まゆみ「『村の年齢』をさずける者」『日本民俗学』一七四号、一九八八年。

10　交際と贈答

1　「同じ釜の飯」

つきあいと贈答の機会

人間生活の基本は、人間同士のつきあいの仕方であり、私たちの生活は、他人とのつきあいの連続といってよい。日本の伝統文化のなかには、特徴のあるつきあいの型があり、それは現代の日本人の日常生活を規制しているのである。

つきあいの具体的表現は、遠距離の場合であると手紙や電話などの通信手段によるが、一般にはお互いが出会って、会話をかわす口伝えによる場合が多い。

相手を訪問して会話をかわす際に挨拶という行為がある。「挨拶」の語は、禅宗の僧侶の問答に由来しており、お互いが物言いをする場合の一種の型であり、いわゆる型にはまった挨拶をするということが前提にあった。

とくにハレの儀式の際には、伝統的な挨拶の方式があり、それに従うことが礼儀作法であった。口頭による言葉の交換があってから、次に贈答の慣習がある。人を訪問する際に手みやげを提げていくこととか飲食をともにすることなどは永年の慣習となってきている。

毎年、お盆や歳末といった贈答の季節が訪れると、お中元とかお歳暮とよばれる贈答品のやりとりが行われる。また、誕生とか結婚、葬式、病気とか新築、転勤とか旅行などといった機会にも、お中元やお歳暮とおなじように、個人と個人、あるいは、イエとイエ、個人と集団のあいだで、贈答品のやりとりが行われている。集団間の贈答もまた、たとえば民間企業のあいだで行われており、毎年、膨大な「企業交際費」などがつかわれていることは、指摘するまでもない。

すなわち日本の伝統社会では、つきあい関係に贈答の慣習が色濃く存在しており、身近に注意してみれば、贈答が、歳末や正月、盆に限らず、三月・五月の節供、春秋の彼岸などといった一年の折目ごとに、定期的に行われているほかにも、誕生祝や婚礼、葬儀、法事（年忌）などの通過儀礼のおりとか、新築とか病気、火事、旅行などといった臨時の機会にも行われているのである。こうした契機のもとでやりとりされる贈答品は、かならずしも一様ではないが、かつては餅とか米、うどん、そうめんなどの食物のほかに、反物や手拭などが用いられていた。贈答には、一定の作法があって、祝儀と不祝儀のときには、その作法が異なっている。贈答品をやりとりする間柄も、親戚とか本家と分家、親子と子方《こかた》、隣近所、友人、知人などにわたっている。なお、贈物に対する返礼として、オウツリとかオタメなどとよばれ、これに半紙やマッチなどが用いられている、といったしきたりがある。

贈答品の特徴

さて一つの特徴として、贈答の物品の大部分に食品があげられている点がある。「同じ釜の飯」という言葉があるが、伝統社会では、食事はいつも家族そろって行うもので、一人では食事をしなかった。「同じ釜の飯」によって、育てられていくことが、家族の重要条件であり、それによって親子・兄弟、夫婦その他の家族の結びつきを強めていくことになった。家族全部で経営する農業によって自給自足の生活をしたのであるから、食事も家族共同の大鍋に調理されたものを一緒に食べることになり、そうした毎日の生活が家族を一心同体という緊密な関係で結びつけ、それが一つの社会規範になったのであった。それは人びとの考え方の基調になっており、自分勝手な食事とか、自分だけが食べることを喜ばない気持ちが、現代人の意識の中にも流れているといえるかも知れない。

トビとオウツリ

以前の農村では、よく贈物に際して、トビという語を使った。トビは、今日では贈物を受けとって、その入れ物にマッチを入れるとか半紙を入れて返す、いわゆるオウツリのことをいうところが多い。元来トビ、トメ、タメといったような言葉は、「賜《た》べ」、すなわちタモウタという意味をもつ言葉からきていた。神社にお参りするに際して、オヒネリを持って行くが、それは簡単な神供を意味している。それについても、しばしばトビということがある。また、正月のトシダマとしての贈物についてもトビという地域もある。これらは、贈物のお返しというほどの理解かも知れないが、本来は、カミへの供《そな》え物を神からわけてもらったもの、あるいはカミから配分されたるものを指したのであった。実際、東日本では、贈物そのものをトビといっているところがあった。

贈物にもいろいろの品物があるけれども、実はそれは持って行って、できればその場において主客が一緒になって食べあえる性質の、しかも自分の家でつくった飲食物でなければならなかったのである。それが後には商品をもってあてるということになり、贈答はつきあいを煩瑣《はんさ》なものにさせてしまったといえるだろう。そこで現金を持つことの少なかった村人が、交際費に悩まねばならなくなったのである。

商品を贈物にしてくると、高価なものを気張らざるを得ない。そうなると贈物をすること自体に、何か自分にとって都合のよいことになるよう、また相手の歓心を引きつけるようにと期待をかけたりするようになってしまったのである。本来の贈答の趣旨からいうならば当然金額の多寡の気苦労はなかったはずである。

2　共食の思想

皆で食べる

次にいくつか事例をみてみよう。

「やったりとったり彼岸の餅」という諺がある。その日になれば、先方でもこしらえているということを承知の上で同じ物を贈る、受けたほうでもまた同じような祭りの食物を返してくる、というようなことが、かつてはさかんに行われていた。これは食物を物質とだけ見ている近代的合理的な考え方とは異なっている。神奈川県南部の正月一五日のドンドン焼きの団子は、三叉に分かれた木の枝の先に一つずつ、三個の団子をさしたものを各家で作って、これを辻の道祖神の前で、焚く火で焼いた。そのうち、少なくとも一つは、必ず他家のものととりかえてくるという風習が守られていた。そのわけをきいても、「昔からそういうもんだ」とか、「風邪をひかない、歯を病まない」などと答えるのが大部分であるが、そのなかで「縁付きがよくなる」「縁が濃くなる」という人があったのは、祭りの供物は皆で食べあうもの、共食すべきもの、という本来の考えに近いと思われる。

これに関連して、奈良県吉野地方の山村のスソワケの風習をあげよう。ここでは、正月や節供の餅やそうめんなどを、一族の間でとりかえあって食べる。これをスソワケといい、これをしないと縁が薄くなるといっている。つまり前述の神奈川県のドンドン焼きの団子の交換と同じであった。以前は一ヵ所に寄って、顔を見合って食べていた食物を、やったりとったりの贈物として交換する方法を考えつくまでの、一つの過程であると思われる。めいめいの食物を持ち寄ってお互いがとりかえて食べるほうが先にあったのかもしれない。

この地方でも嫁に出た娘は、盆と正月に祖霊を祀りに実家へ帰ってくるが、その時には三重のお供え餅を持って行った。親のほうではこの餅を、最初の年は一番上の一つを嫁方に返す。次の年には中の一つを返し、三年目にははじめて全部を実家で受けとったという。重ね餅の上・中というふうにちがえるのは後々のならわしであるが、正月、親へ餅その他の食物を贈るということは全国どこでも行われており、その一部を返すということもあちらこちらにある。贈られた重箱の中の食物を全部とってしまわないで、一部分だけを残しておいて、団子が九つ入っていれば、六つもらって、三つはそのまま入れて返すという地方もある。これを岩手県の山村ではジュウガエシといった。ごっそりともらっただけで、お返しをしないでいるのを、カタモライといい、「片もらいをしてすまない」と詫びをいうことがあった。

特にハレの儀式である正月のおとそを祝う元朝や、大晦日の年とりの食膳などには、家族そろって箸をとることが当然とされていた。もちろん神仏には供えるし、地方によっては、牛馬にも鶏にも、また天井裏の鼠にまで年をとらせるといって餅やコメを与える風習さえあった。少なくともそういう大切なハレの日の食事は家中いっしょに食べるもの、同じ釜の飯を食べなくてはならないものという意識が、生活規範として日常生活の基底を流れているのである。

家族以外の人びととの間にも「同じ釜の飯」の機会はあった。一村が一家になる氏神祭の日は村人全部の共食の日である。不幸があって喪にこもる家や出産後の宮参りのすんでいない家などは忌みがかかっている、という理由で除外される。しかし年一度の氏神祭には同じ火で炊いた食物を分けあって食べることはカミと村人と、共食の形で食べあうという信仰が生きていたのであり、それは村人全体の共食の機会となったのである。都会でも氏神の祭りになにがしかの寄付をすると、祭りのあとで御《ご》供《くう》といって打ち物の紅白の小さなお菓子が配られている風習は、その簡略化された共食の形式でもある。

酒宴のつきあい

酒は、もともと決まった日に、大勢でしかもカミとともに飲むものとされていた。酒はひとりで飲むものではなかったし、またそのような自由な飲み方はできなかった。というのは、酒を造る日が決まっていて、祭りとか冠婚葬祭とかいうハレの日のために用意されるのであり、その日が終れば酒甕酒樽の底まで全て飲み尽して余らせないのがふつうだった。多くの人びとが寄り集まって飲み合い、カミとヒトと、ヒトとヒトとが融合しあうと異常心理が高揚してきて、また新たな勇気を持って生活に立ち向かっていく用意をととのえるのが酒飲みの機会であった。

酒もりのモリは食物をすすめる意、つまり歓待する意味で、昔は大きな盃で一座が順に飲みまわしたのであり、これを「順流れ《すんなが》」の方式といった。ハレの改まった席で席順が問題になるのはそのためである。

一つの盃で飲み合うしきたりは、今日では、結婚式や、正月のおとその飲み方にしか残っていないけれど、男の人たちは飲むほどに、自分の盃を用意されている盃洗で洗いもせずに相手にさす。さしつさされつお互い親愛の情に陶酔するのが、宴たけなわの光景であり、「同じ釜の飯」に通ずるつきあいの仕方でもあった。

のしをつける

人に物を贈る場合に、干鰯を二尾はさんだり、きれいな魚の尾の細片を添えたりするのも魚はめでたい食物であり、この贈物が不吉なものでないという証明であった。贈物につける熨斗《のし》は、本来乾した延し鰒《のあわび》で、同様の考え方をあらわした縁起物である。

海にもぐって鰒をとるのは海女である。海女の村では江戸時代、乾し鰒や、延し鰒を作って藩主に納めていた。延し鰒は鰒の生身を乾瓢《かんぴょう》のように長く剝《は》いで乾したものだといわれている。鰒は多くとれたが、遠方に運ぶのには乾物にするかあるいは塩辛にしなくてはもたない。『延喜式』には、短鰒・長鰒・薄鰒・鳥子鰒など二〇種近い鰒の加工品が貢納されているけれど、それはするめのようにそのままかんだり水にもどしていろいろ調理して食べたらしい。その一片を紙に包んで、ナマグサ物の象徴として贈物に添えたのがいわゆる熨斗であった。今日でも結納にはめでたい物のしるしとして模造品の延し鰒をつけるのが習慣である。こうした熨斗の由来を知らない人でも、デパートが気をきかせてわざわざつけてくれるから、石鹸やハンカチやお菓子のような贈物にも印刷したのしを添えてもらって満足している。この品物は吉事に使うものであり、精進物ではない、めでたい海の物の象徴としての乾し鰒――延し鰒――熨斗がついているから、という一つの約束ごとになっているのである。だからのしをつけない贈物なんてとても考えられないということになる。

誕生日の祝い

若い世代の間に誕生日を祝う習俗が定着したけれど、この時の贈答も招待パーティもだんだんと派手になってきた。年齢を満で数えるようになった結果、誕生日の実感が強くなったことや、個人意識の発達によるものである。戦前までは、年とは、正月にみんなが一斉にとるものであった。それで同年齢者は通過儀礼などいっしょになって行動することが多かったのであり、同齢感覚といった潜在意識もできた。昔は普通、誕生日を祝うのはムカワリと呼ぶ満一年目の誕生日だけで、その後は毎年の誕生祝いなどはなかったのである。満一年のときはいろいろな行事があるけれど、とくに餅負いということが広く行われていた。一升の餅を子供に負わせ、箕《み》の中に立たせ、歩ませるなどの風習があるが、子が歩くのを喜ぶ地方と、歩いたらわざところばせるという地方がある。それぞれの方法はちがっているが、この儀礼の中心は背負う餅であって、子供が負った餅は、家族はもちろん親戚知人に少しずつ切って分ける、という共食の作法であった。それによって、一年の子供の無事な成長を祝い、かつその将来を予祝するというのが大きな目的であった。毎年の誕生日を祝うことがなくても、それに代わってひもとき祝い、袴着の祝いなどが、村祭りの日や収穫祝の一一月一五日中心に行われていた。

七五三と厄年祝い

すなわち七五三の祝いがそれにあたる。宮参りの後、飴の袋を提げて親類知人に配る風景は、毎年みるところであるが、東京都多摩地方などでは以前は身代を傾けるほどの酒宴を張ったといわれている。千葉県などでは今も盛大な招宴を催す家がある。その場合人を招いて祝うのも、子供のほうから食物を配って歩くのも同じ共食のやり方なのである。

さて青森県下北郡脇野沢（むつ市）の事例によると、厄年の四二歳になると、他人との間に擬制的な親子関係を結ぶ祝いがある。これは一月二日、四二歳を迎えた者は、氏神に参拝し、部落の人たちによる獅子舞を受ける。それはアクマバライ（悪魔祓い）のためだという。その後、厄年祝いの宴会を自宅でもったが、それ以前に、息子あるいは義兄弟を頼むことにもなっている「四二の力をつけてもらう」といって、あらかじめ遠い親戚関係の中から、該当する人を選んで頼んでおく。息子と義兄弟の区別は、息子といえば小学生くらいの男子、義兄弟といえば、やや年下の男を頼んだ。人数としては三人か五人である。ムスコとギキョウダイは、正月の三〜五日までの間に、親になる四二歳の人の家に招かれて、ご馳走をうけるのである。

厄払いの年祝いは、親戚をはじめ、息子、義兄弟の者が集まって盛大に行った。また兄弟分同士の盃の交換をサカズキコト（盃事）といって重視しており、それを最初に行ってから、さらに胴上げをする。その際、参会者が酒を口に含み、厄年の人に吹きかけたという。これは「気合いを吹く」といったりする。また食物の餅やお金を身体にわざわざまきつかせたりした。これを「ヤクオドシ」などと説明している。

3　つきあいの作法と掟

つきあいの差

つきあいの最も重要な表現は、互いに一つの火で煮たきをしたものをいただき合うこと、すなわち「同じ釜の飯」ということにあったことがわかる。だからそうしていない人とは、非常につきあいにくいということになる。多様な交際のあり方について、いつも贈物などに神経を使わねばならなかった事情もそこにある。どういう品物を持って来るか、それに対するお返しとしてどういうものをつけたらよいのか、あるいは返礼として、贈物をもらった場合に、どういうふうな返し方をしているのか、そのことによりその家の主人の評価までされるというのが、普通のことであった。だから、交際の濃いか薄いかということが、贈物としてもたらすものの量によってきめられているという慣行さえあったのである。

新潟県佐渡島の事例によると、ここでは交際には三とおりの種類があり、それぞれ「サンジョウモチ」「ニショウモチ」「イッショウモチ」とよばれている。まず、親方の家から分かれた血縁親類が、サンジョウモチの関係になっている。その家は、年頭に「ヘイジ」と称する飾り餅三升分を親方に贈った。その中でも、特別に近い関係の分家からの贈物は、全部とってしまい、同等のものをあらためて返すけれども、一般にサンジョウモチは、ヘイジの粉だけをとって、そのまま返してやるという。これをヘイジ返シという。そのほか、本家は別にフクデモチ（フクレモチ）を贈って返礼をする。次に、ニショウモチの家が、第二の交際仲間としてある。これは親方が、村内に分家してやったもとの子方の家で、右のようなフクデモチの贈答がやはりその間に行われる。なお、第三にイッショウモチの家がある。これは他村から移り住んで来たものを保護し養った末に、田地などをつけて出した家で、そこには一升のフクデモチの贈答関係がある。たとえば村の人は、どこそこの親方の家とイッショウモチの関係にあるというように、それぞれ交際の度合いがきまっていた。親方の家から分家として出された家というのは、この地方でヨテと称する子方であり、もともとは強力な親方に隷属《れいぞく》し奉仕していたのだが、一軒前として独立させられた家についていうのである。ある大家《たいけ》は八戸ワカレ（分家）を持っていたともいっていた。

仲間と村ハチブ

こうしたことからも、やはりつきあいの重要な要素が、ハレの時の飲食物をともにすることであったことを知ることができる。八丈島では、一族でも近隣でもない、特別に親交のある仲間をモチツキナカマ（餅搗き仲間）と呼んでいたが、それもハレの日の食物を共同にする気持に由来した表現であった。贈答を固く守るということが交際の倫理として、最高のものであったといえる。もしこれを怠って人並みにしなかったために、いわゆる村ハチブになったという例があった。

村ハチブというのは、交際を絶つ、いわゆる絶交状態をさしている。

ハチブの対象となった家がそのままムラに居住することは認めるけれど、成員としての資格や交際をすべて絶たれて孤立させられる状態であった。家々の重要な交際の機会が仮に一〇種類あるとしてそのうち火事と葬式以外のすべてを断絶するから村八分だというのだとする俗説もあるけれども、元来ハチブはハブクとかハズスという言葉と関係するといわれている。

そして絶交以上にきびしい制裁が追放であった。追放といっても、他所へ追い出してしまうのではなくて、入口を道切りや道祖神で守られた安全なムラの内側からは追放してしまい、村はずれのさびしい一軒屋での生活を強いるものであった。

絶交にしても追放にしても一軒だけで孤独な生活を送らねばならないが、それは決して長く続けられるものではなかった。ムラの秩序の回復がなされれば制裁の目的は達成したことになるのであるから、ハチブは解除されることを前提とした制裁法だったといえる。それがまたムラ社会のつきあいの作法でもあったのである。

参考文献

和歌森太郎「日本人の交際」加藤秀俊編『日本文化論』近代日本の名著13、徳間書店、一九六六年。
瀬川清子『日本人の衣食住』河出書房新社、一九六四年。

伊藤幹治、栗田靖之編著『日本人の贈答』ミネルヴァ書房、一九八四年。
郷田洋文「交際と贈答」『日本民俗学大系』4、平凡社、一九五九年。
竹内利美「ムラの掟と自由」『日本民俗文化大系』8、小学館、一九八四年。

11　盆と正月

1　年中行事の意味

セツとトキ

年中行事は、毎年周期的にくり返される民俗儀礼であり、地域社会ごとにそれぞれ特徴がある。イエとムラの次元で比較をすすめていくと、共通する部分と異質の部分とがあり、そうした比較を通して、日本の民俗の全体像をとらえることができる。民俗学理論からいうと、日常の生活文化のうちでそれは、ハレの部分に強調されている、ハレの行事の大部分が年中行事化しているのである。

元来年中行事は、貴族社会のなかで、毎年定例化した行事を指す語であり、それを公的に表示したものである。年中行事は漢語の歳事に当たる語でもあった。歳事とは、その年の季節の折り目に行う儀礼であって、季節感を伴っている。だから年中行事を通して、人間の自然観をも探ることが可能である。また自然を開発し、社会生活を営んでいく上に必要な生業のプロセスとも対応している。日本は、農耕生活のうちでも、とりわけ稲作過程が中心のリズムを形成していることが指摘されてきた。稲作過程をみるとそこには、歳事が巧みに配置されており、日本人の季節感のこまやかさがよく表われているのである。春、夏、秋、冬の四つの季節が大きな折り目となっていた。

たとえばセツという語は、竹の節目からきたものであり、そうした折り目を端的に示している。節供とか節日の語はそこから生じた。セツは時の変移を表示するもので、その背後に生活のリズムを感じさせる。節日に、迎え祀る神格に対し供物を捧げるから、節供となったのであり、節句と書くことは、本来の意味ではないと、民俗学上指摘されている。この節に対して、年中行事や歳事が相当するのである。セツと同義語にオリメとかトキがある。時折ともいうが、トキのほうが一般的である。「年に三トキは犬も知る」といい、この三トキは、正月と盆と、氏神の秋祭りであったという。この日はかつて嫁もたらふくご馳走の食べられる日だといわれた。この日に物忌みつまり精進潔斎して馳走を作り、神に供えるために忌籠る。モノイミの日だというのでモノビという言葉も生まれた。

神祭りとモノビ

年中行事は、神祭りの日である。すなわち、神祭りはハレの日で、一方ケの日の労働を休む日である。これが生産活動の折り目にあたるのである。休むことが神祭りの遊びの意味を、娯楽の意味へ変化させた。現在はそうした聖的な要素は薄れており、世俗的なリクレーションをする休日とする傾向が強いことは周知のとおりである。

こうした休み日、節、モノビを体系だてたのが暦である。暦も、文字で表わした官暦・制定暦がある。これらは天文観測によってできた暦法に基づくものである。一方、人間の知恵として、動物や植物の動きを観察して、生活のリズムをうかがう自然暦がある。自然暦は伝承として伝えられている。たとえば「農鳥岳の雪が消えて鳥の形だけ残って見られる時がシロカキ時だ」というように、鳥の形に残雪が見えた時を一つの目安としていたことがわかる。駒ヶ岳の山名が多いのは、馬に見える残雪の形からきたもので、同時にそれは自然暦を示したものである。

暦とは

一般に暦は日読《ひよみ》から生じたといわれ、日、月、年を詳細に数えるという意味である。暦法上の暦は、天文学的なものであり、一日は地球の自転による昼夜の区別、ひと月は月の満欠けによる周期であり、一年は太陽の動きにより春分、秋分、夏至、冬至の二至二分を軸として成り立っている。年の季節は明らかに太陽によって支配されているのであり、月とは別の時間単位である。温帯に属する日本には、春夏秋冬という四時があることは明らかだが、一方月光に対しても鋭敏だった。太陽よりも月の満欠けを基軸とする太陰暦が採用されていたのは、洋の東西を問わないとされている。ところが農業を生産の基本とする段階になると、四時の観念が生じてきてどうしても季節を合わせた暦法が必要となった。そこで太陰暦に太陽の運行を取り入れた太陰太陽暦と、太陽の運行だけに依存する太陽暦とが作られたのである。

ところで日本は、明治五年以後、太陽暦を新暦として採用し、欧米なみの暦となったが、これまでの太陰太陽暦とのズレはなかなか解消しにくい部分がある。

一般庶民にとってみると、新暦には閏月をたえず設けなくてはならないという繁雑さはなくなったけれど、農業暦、自然暦との感覚にズレがあり、年始が立春よりはやまったりする場合がある。立春を軸とする旧暦と、冬至を軸とする新暦との間にほぼ四五日ぐらいのズレがある。だから一ヵ月遅れに行事の日を設定することによって、従来の季節感を取り戻そうとした。だから盆が一ヵ月遅れの八月に定着している地域はきわめて多いのである。

2　正月の意義

一年の境目

年の変わり目は、暦の上では節分であり、それは立春の前夜にあたっており、冬から春に変わる境目である。春を迎えるという気持は、日本人もきわめて強いわけだから、正月が初春だとするのが本来の意義であったろう。しかし太陽暦の初春と、太陰暦の初春の感覚に差が生じていることも明らかなのである。大晦日から大正月、一月一四日から小正月にかけて、いずれも初春の前夜という気持が前提にあるだろう。

正月は明らかに一年の境目であり、トシ神を祀る月とされている。トシ神のトシは、稲の稔りを意味する言葉で、春に種をまき、秋に収穫する稲作の周期に当てはまり、これを一年としたのである。月の満欠けのリズムからいうと、正月一五日の満月がトシの最初になるだろうし、農事暦からいえば、稲作の種下しが年初にあたることになる。実際、新年の観念は、一月元旦の大正月、一月一五日の小正月のほかに、二月に入ってから立春のころ、コト八日、初午《はつうま》、春彼岸、さらに四月八日前後に至るまで存在するといってよいのである。

小正月

そのうちでも、日本では小正月行事が中心とされてきた。伝統的な民俗社会のいかにも正月らしい風景がそこに集約しているからである。

小正月の行事は、全国的に削りかけ、餅花などのようにモノツクリをして豊かな稔りを願うのであり、農作業の模擬行為をして予祝するのである。たとえば庭田植え・鳥追い・成木責めなどがある。また、道祖神の祭場の火祭りをドンド焼きと称している。あるいは一四日夜にまれびとである来訪神を迎える行事などもあって盛り沢山である。これは農耕儀礼の一環とみられている。しかし実際には、この時期に農作業をやっているわけではないのであり、あくまで儀礼の目的は予祝である。小正月以前にも、仕事初めとして田打ち正月とか鍬初めなどがあるが、これらを冬の最中にやっていたことが、一つの問題となる。農事開始は、立春以後の時期であることは明らかであり、田の神が降りてくるといわれている二月八日前後の時期に、トシが改まるというのが実感としてはあったのだろう。

トシ神まつり

トシ神を祀るトシ棚は、トシ神の祭壇として年ごとに吉方の方角、つまりその年トシ神が訪れてくる方角に向けて設えられた。毎年新しく作り変えるのが本来の姿である。新しい板を、新縄で天井から吊り下げ、注連《しめ》を張って、そこに鏡餅を供えるのである。祭壇が常設ではなかったことは、この神格が去来することをものがたっている。門松は、緑の常磐木《ときわぎ》であり庭先に立てたのが古い習俗だといわれている。松竹を庶民の家々に立てるようになったのは、縁起をかつぎ、長寿を祝う感覚が浸透したからである。常緑樹は、一般にトシ神の依代《よりしろ》と解釈されている。したがって松に限らず、榊、椎、栗、椿、柳などが用いられ、それは依代としての聖樹であるから、これを山から伐ってくる儀礼は重要だった。松が普及し、松迎えと称することになっているが、一般に、その年のアキノカタのほうに向かい、一定の土地から伐ってきた。松迎えは、一二月一三日のススハライ、またはコトハジメの日以降であり、伐ってくるのは、年男の役割だった。

トシ神は、依代が立てられると、訪れてくるわけであるが一定期間を経て、再び去っていく。それは門松や注連をはずすときであり、一月一四日夜の火祭のときではないかとされている。火祭は道祖神の祭場で行われるのであり、左義長ともドンド焼きとも三九郎（長野県）ともいっている。門松・松飾りなど正月の飾り物を集め、高く積み上げて、それを焼くのである。道祖神には性神的要素が強くあり、性的な儀礼を含める場合が多いが、これは小正月の農耕儀礼に共通している。ドンド焼きの火は神聖なもので、これに餅や団子をあぶって食べると病気にかからないともいう。また燃やした後の灰を体の一部分に塗ると悪病除けになるともいった。そして火祭の煙がどの方向へ行くかにより、年占をして豊凶を判じる場合もあった。この煙にのって、トシ神は帰っていくのであると考えられていた。

ナマハゲ

小正月行事で興味深いのはナマハゲ、ホトホト、コトコト行事などに出現する異形《いぎょう》の来訪神の存在である。

村の若者や子供が、頭巾で顔を隠したりして、各戸の戸口にやってきて、物音を立て、餅や金銭をもらって歩く行事であり、とくに扮装をこらした、ナマハゲは有名である。秋田県男鹿半島で、鬼の形になった者が、大声で「ナモミコはげたか、はげたかよ」と叫びながら、家内に入って子供や嫁にくってかかる。そして、その後この家に本年も幸運が訪れてくることを述べ、家の主人から酒を振る舞ってもらい、餅をもらって帰る。ナマハゲの語源については、仕事を怠りいつも火にあたってばかりいる者が、脚にかならずできるという火斑のナモミをはぎとりにくるという教訓めいた解釈になっているが、それは外界から訪れる異形つまり神霊の具現化と考えられる。この民俗は、南島文化にもみられると同時に、東北・北陸地方にも分布しているのである。この異形のまれびとをトシ神の来臨と考えていて、それはとくに小正月中心の行事において顕著である。

餅なし正月

正月を考える上で無視できない要素は、餅なし正月の存在である。

餅はハレの食物として、正月には欠くべからざるものと一般に考えられているが、この餅を使わない民俗を餅なし正月と称している。正月に餅を用いないといっても、これには四つのタイプがある。①正月の餅をまったく搗かない。②餅は搗いておくが、元日からある期間は食べない。③正月の餅を新年に入ってある期間たってから搗く。④元日や三ヶ日の祝膳に、あるいはさらにいく日かの期間、餅を食べない。こうした餅なし正月は、青森県から鹿児島県に至るまで全国的に一二〇ヵ所近くも知られている。ムラ全体として守っている場合とムラのある一族または、ある旧家だけに限って守っている場合とがある。その由来として語るところには共通点がある。先祖がこの地に落ちのびてきたのが暮または正月であり、餅を準備することができなかったのにちなんで餅を子孫たちが使わないといった話が多いのである。餅の代りに何を食べているかが重要な点である。特に多用されているのは里芋と山芋である。里芋は九州・四国から関東地方に及んでいるが、東北地方には認められない。山芋は全国的分布を示すが、九州・四国には現われていない。里芋はタロ芋系統、山芋はヤム芋系統の変種であり、両者ともに東南アジア・太平洋諸地域における主要食物である。イモ栽培文化の存在が、一つの文化価値を示すと考えられており、それ以外のイネ中心の正月儀礼と対抗する存在と思われている。これはまた、畑作文化の存在の指標としても重要であり、近年の民俗学上の一つの課題となっている。里芋は芋名月と呼ぶ地方があるように、八月十五夜儀礼の中核をなしている。餅なし正月は、水稲栽培以前の日本の古層栽培文化複合といった問題に結びついてくるものとも考えられているのである。

3 盆の意義

両分性

折口信夫は、日本人が一年を半分に分けて考えていたことを指摘している。それは一年に二度収穫を経験した人びとが、一年に春が二度くる印象を深く残していたためだろうと推察している。

すなわち、彼の言では「昔から初秋になると、年を繰り返すという考えがあったのである。常識的には、麦の秋と、稲の秋と二つ分けても、訣《わか》らないことはない。盆にたままつりをする信仰が、仏教の考えと一致しているが、もと仏教では、盆ばかりでなく、年に六度ほど、たままつりをしたのである。処が、独り盆のみが盛んになったのは、此時に神の来臨する信仰が、古くからあった為で、此時に春になると考へたのである」。折口説にもとづくと初秋に年を繰り返すことが、盆の一五日の前後にあたるということになり、そしてこれが正月と対応することが考えられてきた。お盆のときに「お目出度う」という挨拶言葉が新盆の家になされていたのもその一例である。

正月も盆も幸運を与える先祖が訪れてくることを前提とするものであったといえる。つまり両者とも魂祭の機会であり、節供と考えられていた。松迎えに盆花迎え、年神棚に盆棚、正月のドンド焼きと盆の火祭、小正月の来訪者と、盆の来訪者、七日正月に七日盆、二十日正月に対して盂蘭盆、二月一日のハツツイタチに対して八朔盆といった対照がある。

盆行事

盆行事は、仏教上では盂蘭盆会と施餓鬼会《せがきえ》が連続した行事とされている。盂蘭盆会は『盂蘭盆経』により、釈迦の弟子目連《もくれん》が、亡母の餓鬼道におちて食事ができず、骨と皮になって苦しんでいることを知り、釈迦に訴えた。すると釈迦は、それを救うのには七月一五日に、七世の父母と現在の父母のために百味の飯食《おんじき》、五果その他を盆にのせ僧を供養せよというのであることで、釈迦の命令のとおりにした結果、亡母は餓鬼苦を免れることができたというのである。七月一五日は、仏弟子たちが、外出せず安居《あんご》している最終日にあたり、自恣《じし》の日といわれている。とりわけ功徳のある日だといわれている。『盂蘭盆経』が偽経であることはよく知られているが、この経典をみると、百味の飯食、五果のご馳走を盆にのせて供養することが強調されていることに気づかれる。

施餓鬼会については、釈迦の弟子阿難《あなん》のところに焔口《えんく》という餓鬼がきた。この餓鬼はやせおとろえ、頭髪が乱れ、恐ろし気な形相をしており、阿難の命があと三日で尽きてしまうと脅迫した。その災難から逃れるには、多くの餓鬼に布施を施し、一石ずつの飯食を施せば、命は救われるだろうという。この故事により、餓鬼を供養することになっている。これもまた、大量の食物を施すことが強調されているのである。盂蘭盆会のほうは、七世の父母云々と表現していて、先祖供養を意図していることは明らかだが、その発端は、餓鬼道におちた亡母を救うための供養であり、もし亡母が登場しなければ、餓鬼供養と同じ性格であることが明らかであろう。

台湾の中元節

台湾の中元節と比較すると、台湾では祖霊ではなく、恐ろしい餓鬼を祀る行事だとされている。台湾の中元節は、まず七月一日に地獄の門が開き、「無嗣孤魂」が大挙して現世にやってくるという。これは祀り手のいない邪悪の霊であり疫病をもたらす存在である。盆行事の原初的な型は、「ひもじい霊の大群をして喰ひ飽かせる儀礼」だと鈴木満男は説明している。台湾の中元節と、日本の盆供の著しい類似性は明らかである。日本の盆供は餓鬼供養のためであるといって過言ではないだろう。訪れるのは祖霊を含めた他界の死霊であるはずだが、イエ制度のイデオロギーとして、家の継続のための祖霊信仰の中に包括されたという解釈となっている。日本では、地獄の釜の蓋が開く日は、一六日であり閻魔の縁日とされた。各寺では施餓鬼を行い、無縁仏を祀ったり、祟《たた》る御霊を鎮めるための念仏踊りを執行した。

盆の死霊観で特徴的なのは、新盆のときの死霊と外精霊である。この外精霊は、無縁仏の意味であり、盆棚が両者のために設置されている。仏壇を外に出してわざわざ飾るほかに、板の四隅に青竹を立て、その上部に縄をはり、ホオズキ、盆花などを吊した。供物はナス、キュウリ、ソウメン、団子、芋などであり、特に麺類が大きなご馳走なのである。この盆棚は、新しい死霊のためと、もう一つ外精霊のためでもあるという。外精霊のために、盆棚の下とかその一隅に供物をのせる棚が作られていることが注意される。

新しい精霊と外精霊に対して、ご馳走で盛大にもてなすのは、ちょうど餓鬼をふるまう台湾の中元節のあり方と通ずるのである。新盆の霊にしろ、十分に祀らないと、祟るのであり、祟るためにやってくると思われている外精霊に対しても同じである。

盆の供物

一般には七月一三日を迎え盆、一六日を送り盆という。その間家々に盆棚を設け、死者の霊を迎え祀るのである。これには家によって古式と略式があるが、多くは江戸時代からの方法によっている。盂蘭盆を迎えるにあたってまずその家の仏壇を掃除し、仏具を磨き浄め、一二日、一三日に立つ草市から精霊に供える野菜果物その他を買い求め一三日より盆棚を設ける。盆棚には百味五果の供物を供え、側に盆灯籠という小形の灯籠をかける。一三日夕方には迎え火といって門口で苧殻《おがら》を焚き、死者の霊を迎える。迎え団子という団子を作って供え、一四日には芋茎和《あ》え、茄子と瓢との胡麻和えなどを供え、一五日には蓮の葉に白い強飯を包んだ「蓮の飯」と「送り団子」を供えて精霊をもてなした。また茄子や瓜を細かく刻んで水鉢に入れ、これに洗米を混ぜた「水の子」などと呼ばれるものを供えた。瓜の馬、茄子の牛など瓜や茄子に苧殻の足をつけ、霊の乗物に似せて馬や牛の形を作り飾るのである。

盆の終わりの日には各地で灯籠流しまたは精霊流しといって、小さい船形を造って供物を載せ、盆灯籠に火を点じて川や海に流す風習がある。東京や大阪ではもとは供物を川に流したが、後にはこれを集めて小舟に託することとなり、『守貞漫稿《もりさだまんこう》』巻二七によると、昔は魂祭の供物などを川に流したが、その後大阪では尼寺より官に願って、大阪中に小舟を廻し、また町内で魂祭の雑物を集め、一五日晩には辻番所に集め、小舟にわたして、尼寺ではその供物などを売って一年の費用としたといわれている。また江戸では一六日の朝、近在の小百姓などが小舟を各川岸につなぎ、市中を巡り、「精霊さまおむかいおむかい」と呼び回った。この時、棚の雑物を下して、敷物である真菰《まこも》に包んで一二銭を添えてわたすのであると記している。

盆には、盆礼といって、親族や知人の家を訪ねて挨拶をし、また、進物である贈答をする交際が行われた。盆の一四、一五日頃に行うので一五日礼というところもある。正月の訪問、贈答を正月礼というのに対する語で、一年の中間である盂蘭盆の時期にこれを行うのである。七月一五日を中元といい、正月一五日は上元、一〇月一五日を下元とするところから、盆礼のことを中元ともいった。正月には餅をもって行くが、盆礼にはそうめん、関東で麦粉や米などを持参して、挨拶して祝意を表わすのがふつうであった。

畑の収穫祭

このような盆の食物の内容にも大きな特徴があったことが指摘されている。それはナス・キュウリの畑作の野菜と、麵類が中心である点であり、さらに水の子といって水を必ず供えることである。ナス・キュウリを刻んで洗米を混ぜてこれを水鉢に入れ、入口などにわざわざ置いた。これは祖霊よりは、外精霊に捧げるためのものといわれている。

盆の供物が主として麦や野菜であることは、盆が畑作の収穫祭に想定される根拠になっている。一方、正月のトシ神は稲霊であるといわれている。盆のほうにはトシ神の観念はないが、少なくとも稲作以外の収穫祭の折り目という感じがあるのである。

その点で、盆のあとの八月十五夜の月見も重要となってくる。直江広治《なおえひろじ》は祖霊祭と収穫祭と併祀される時期が十五夜に結びついたとしている。また十五夜に稲穂を供えたり、餅を供えたりするところから、これは稲作の祭儀ともみられている。しかし一方では、里芋が多く供物となっている点も見逃せないだろう。芋名月の名称がそこから起こっており、タロ芋系の芋の収穫儀礼の存在が予測されている。これは稲作儀礼と畑作儀礼の対比という課題につながってくるのである。タロ芋系統の収穫祭としての八月十五夜が稲作文化にとりこまれた結果なのではないかと推察されてくるのである。

元来、盆の初秋の時期に、畑作儀礼の重要な折り目があり、それが稲霊《いなだま》祭の正月と対比されてくることになるのだろう。このように正月と盆を一年の両分性の点から比較していくと、日本文化の構造の問題につきあたってくるのである。

参考文献

宮田登「暮らしのリズムと信仰」『日本民俗学講座』3、朝倉書店、一九七六年。
坪井洋文『イモと日本人』未来社、一九七九年。
郷田洋文「年中行事の社会性と地域性」『日本民俗学大系』7、平凡社、一九五九年。
和歌森太郎『年中行事』至文堂、一九五七年。
大島建彦編『講座日本の民俗6　年中行事』有精堂出版、一九七八年。
鈴木満男「盆にくる霊」『民族學研究』三七巻三号、一九七二年。

12　カミとヒト

1　カミとは

すぐれてかしこきもの

日本のカミ観念について、的確な説明をしたのは、本居宣長であった。宣長はカミを「迦微」と表記し、『古事記』『日本書紀』に記載された神や、神社に祀られる御霊、人間、鳥獣草木、海山などがいずれもカミに成り得るとし、「何にまれ、尋常ならずすぐれたる徳のありて可畏《かしこ》き物」（『古事記伝』）と表現した。つまり、人並み以上の存在はいっさいカミに成ることができるという考えである。

カミを考える上で、タマをその前提にする必要がある。タマは霊、魂と漢字で表記される。タマはその霊力が発揮される場合に認識され得る。人間霊は、生霊と死霊とに区別される。また和魂《にぎたま》と荒魂《あらたま》の相異もある。荒魂はしばしば和魂に転化されるケースがあった。タマは霊力を発動すると、その状況はモノノケと表現され、霊威の字をあてはめる場合もある。モノノケは別にタタリとも表現されている。これらはタマの属性といえるが、それらの現象を包括したのがカミ観念といえるだろう。

ヒトガミ・ヒトダマ

人間のほうでは、ヒトとタマを使い分けるケースが多いが、これは微妙な感覚の差にもとづいている。

たとえばヒトガミとヒトダマは人神と人魂と記すほどに違いがわかる。ヒトガミは祭祀をうけるが、人魂は人体を遊離した霊魂であって、この段階では祀られるとは限らない。動物霊としての狐を考えた場合にも、狐神と狐霊とに分けられるのである。狐ガミという場合は、稲荷神への昇華のコースが想定されているが、狐霊のほうは、それ以前の段階であり、憑依《ひょうい》する状況が想起される。つまりタマが先行形態としてあり、次にカミが意識された。タマ→カミの移行が、それぞれの神格において、プロセスとしてたどり得るだろう。

森羅万象すべてにタマの存在を認めるアニミズムは、民俗宗教の基礎にあるものであり、世界の諸民族ごとにそれほど差異のあるものではない。天体であろうと、地上の草木岩石、動植物などにそれぞれ霊が宿っていると信じられているが、その現われ方に、いわゆる霊威を感じさせるものが人に対して印象深く記憶される。もっとも具体的には人霊であり、人霊のうちでも祀り手のない死霊の霊威が強力だったのである。

タマの性格

タマは、外から浮遊してきて依代に付着し、一定期間とどまって去るので、浮遊霊または外来魂が本来の姿といえる。稲のタマは、ウカノミタマ＝倉稲魂である。稲魂とも記され、特定の稲穂に付着することにより豊穣がもたらされる。この稲魂を基礎にして、紀記におけるウケモチノカミやトヨウケノカミ、オオゲツヒメといった穀物神が成立している。ここにはタマ↓カミ↓神のプロセスをたどることができるだろう。

動物霊の典型である狐のタマは、人間に憑依することが知られている。狐の霊力あるタマは、狐ガミとして祠《ほこら》に祀られ、稲荷社となっている。これは人知を超える狐の予知能力に対する畏怖感にもとづいて発生したものである。この場合、狐のタマは、人間に付着することによって霊力を発現させているが、いわゆる狐憑きの段階ではカミとは考えられていない。タマが人間の身体を離れて、憑物落しが行われた段階で、カミ＝稲荷として祀られるのである。また人ダマというのは、人間の生霊・死霊が浮遊して霊威を発揮する時に認識されている。しかし人魂（ダマ）と人神（ガミ）とは異なるものというのが一般的理解である。カミとタマの関係は似て非なるものである。非人格的存在であったタマが、人格的存在に転化して、はじめてカミに祀られる。

タマにおける荒魂と和魂の対立については、荒魂の部分に、モノノケの出現がとらえられており、平安時代のタマの活動は、怨霊・御霊として文献に残されている。荒魂の活動は霊威の発現であり、その霊威は鎮められることにより、和魂に転換する。これはタマが守護霊となるための前提であり、この場合、荒魂↓和魂の図式化が成立する。

タマが祀られるのには、霊威である荒魂が和魂に変化するプロセスが必要である。つまり和魂がカミとして祀られる部分にあたるのである。したがって祭りは、タマの荒魂の部分を鎮め、和魂として成立させることを一つの目的としており、これは日本の民俗宗教におけるカミ崇拝の基本型といえる。

カミの語源

カミの語源については諸説あるが、カミは上にあるからだとする説が、久しく行われていた。しかし、「神」のミは上代特殊仮名遣いによると、乙類に属し、「上」のミは、甲類に属していて混同されるべきではないという立場から否定されている。そして有力となっている説は、カミがクマからきたとする説である。『高山寺本和名抄』にみる「神稲」に対してクマシロの訓があり、国語学者の阪倉篤義《さかくらあつよし》は、クマシロは、「神の御料（シロ）」を意味しているといい、クマ（神）＋シネ（稲）からなっていると推察している。このクマは、「隠れる」意味の動詞クムから派生したもので、結局「隠れたるもの」というのが、「神」の本来の意味であったと考えられている。カミは「奥深く隠れた存在」であり、そこから発現してくる力を畏怖したとする考えである。

御霊と悪神

災厄をもたらす悪神の代表的事例は、疫病神であり、民俗宗教の中にその類例はきわめて多い。悪神の霊威を鎮めるために、神送りの儀礼がある。悪神は、つねに追放される運命にある。具体的には悪神の形代《かたしろ》として、人形が作られ、あらゆる災厄は人形に仮託され、その人形を送り出す形式をとっている。悪神は送り出されてしまうと、その祟りは消滅してしまい、逆に善神として崇められる点は興味深い。江戸時代に隆盛した福神の本体は、以前荒々しい悪神であったとする伝承は多い。ここにも荒魂→和魂をベースにした御霊→和霊《わりよう》、悪神→善神のプロセスがうかがえるのである。日本のカミの性格を考える時、一つのカミがこのような二つの相反する要素を併存させている点に留意すべきであろう。福神と疫病神、御霊と和霊は一見対立しているように思えるが、相反する要素を一つに統合しているのが実像であり、その点に日本のカミの性格が示されているといってよいのである。

2　カミとヒトの間

地域のカミガミ

日本の地域社会には、さまざまのカミが祀られている。すなわち稲作社会には田のカミ、畑作社会には山のカミ、漁民社会にはエビスや海のカミなどそれぞれ存在している。祀り手を基準にすると、イエのカミとムラのカミという分類もなされる。イエのカミは、イエと家族の守護霊の中心である祖霊崇拝を中核としている。一方、中世末より近世にかけて成立した水田稲作のムラには、地域社会としてのムラ全体の守護霊である村氏神が存在している。ムラのカミである氏神は産土神《うぶすな》として機能している。しかし成立時点において、ムラの開発先祖の一族の祖霊が転化したという仮説が提示されている。ムラは複数の同族から成り、それぞれのイエの先祖の霊は、その中でもっとも有力な一族の祖霊の中に収斂するプロセスが想定されているのである。

さらに氏神信仰を究明してみると、氏神はマキ氏神、屋敷氏神、村氏神の三類に分けられる。マキ氏神は一門氏神、一族、同族にあたるマキが先祖のカミを祀るのだが、かれらがマキ結合の維持とその機能を強化する役割を先祖のカミに要請する場合、マキの祖霊は、神としての氏神となる。屋敷氏神は、文字どおり宅地のカミであり、特定個人の家のカミと解される。村氏神は、その性格がさらに複雑である。一般には鎮守の神とか産土神であるが、この表現からいえば、人びとが居住する土地のカミだが、その機能は共同体の守護という統合的神格となっている。

東と西のカミの差異

本・分家の同族神を中心とする祖霊信仰の展開は、東日本のフィールドに顕著である。一方、西日本の村落構造では、宮座の組織が特色となっている。ここでは上下関係のない旧家が連合してカミを祀る。したがって西日本のムラのカミは、東日本のように特定の家、同族に帰属するものではない。つまり、村のカミが宮座のカミとなっているのである。その場合、祖霊はその家のカミとして機能するに過ぎない。しかし東日本のように、村のカミが特定の家の祖霊と一致したとするなら、その家のあり方によっては他の家々のカミを包含し、複数の家々の守護霊となる。近代日本の明治国家は、このような家のカミを基礎としたムラのカミを、神社神道の神体系の中に位置づけることにより、「国の神」とさせることになったといえる。一方、西日本に多く見られた宮座のカミ＝ムラのカミは、すでに中世村落の中に顕在化しており、祀られるカミに対しても、有力な祭神名が付せられ、多くの場合、神社神道の秩序に組み込まれている。

来訪神

日本の民俗宗教のなかで、カミが祭りに際して出現してくる折に異装の姿をとることが注目されている。とくに典型的なのが、正月の来訪神である。東北地方のナマハゲから沖縄のアカマタ・クロマタに至るまで、いずれも共通して、他界から現世に訪れてくる祖霊の変化《へんげ》と考えられてきた。そして異装の姿は、一般には人間の持つ変身願望にもとづくものだが、カミの具象性は、みの笠をかならず身につけて出現してくることに特色があった。それは明らかに古代的な神格であり、『日本書紀』に示された「青草を結束《ゆいつか》ねて、以て笠蓑《みのかさ》と為し」という素戔嗚尊《すさのおのみこと》の姿と一致している。異装の来訪神は、その背後に、山と里（平地）に住んでいた人びとの間の歴史的な文化交流が考えられる。中世末山間部を漂泊していた多くの山民が次第に山を降りて、平地に居住するようになり、稲作農耕に従事していた農民と、山民との間に文化交流が繁くなったことを背景とするのではないだろうか。

一般に稲作民たちの祖霊信仰には、田のカミと山のカミとの複合した形態が認められている。みの笠をつけた正月の来訪神の異装には、山民の漂泊者としてのイメージが反映しており、平地の農民にとっては、それは畏怖の対象でもあった。

この異装の来訪神に対して、折口信夫は「まれびと」の観念を提示した。来訪神の多くが、平地に住む農民の正月儀礼の多くに表出している理由は、稲作民のいだく山に対する信仰を基盤としているからであろう。稲作民はつねに豊穣をもたらすカミを迎え祀る。とくに年頭の小正月儀礼に際して、豊穣の約束が確認される必要があった。来訪するカミは山の異界から平地の現世空間に出現する形をとる。つまり山と里との間の文化交流が行われるプロセスにおいて、来訪神＝まれびとの観念を形成させたとみるべきなのである。

神道の成立

日本の民俗宗教には、神社神道、仏教、修験道等々の介入があり、その習合過程や発現過程がきわめて混乱してしまっており、からんだ糸をときほぐすことができかねる状態に陥ってしまっているのでなかなか実態がつかみにくいのである。

問題となるのは、神観念を定着させた日本の神道がどの段階で成立したのかということである。日本の神は、汚穢・不浄を忌避することをその特性としている。つまり、死穢・血穢を著しく避ける禁忌を確立させているのであり、そうした民俗事例も豊富である。高取正男は『神道の成立』の中で、文献上、平安時代の初頭、平安京近くの葛野《かどの》、愛宕《おたぎ》二郡の農民たちが、死者を家側に葬ることを禁じたという条文を示し、逆に死者を家の脇に葬る習俗が、貴族を除く社会では一般的だったことを示唆している。これを否定する平安貴族たちは、浄穢の観念に吉凶の対立概念をあてはめたといえる。こうした禁忌意識を強化させたのは、外来の仏教と陰陽道であった。そうした思考の反映が具体的な形をとって表われたのが八世紀から九世紀にかけての時期である。高取の表現では、「死を怖れ、死の前に慎むのは人間に普遍の感情であっても、浄穢・吉凶の対立概念を操作して死穢を忌むのは、思想的活動の所産として歴史的に形成されたものであった」というのであり、その結果として「伝来のまつりごとを新しい禁忌意識のもとに歴史的に解釈しはじめたという意味で、宗教としての神道の第一歩がはじまったといえよう」（『神道の成立』）という神道成立の端緒が説かれている。たしかにこの時期には、従来の女性司祭者が後退しはじめ、男性神官を軸とする祭祀組織が出現する一方、山岳仏教が女人禁制を説き出したことと軌を一にするわけである。

以後、民俗社会の中に神道の神が進出しはじめた。すなわち民間のカミは神へと転身しはじめたと理解すべきなのだろう。

3　祭りとヒト

タテマツル

カミをヒトがどう扱うかをみるには、祭りのあり方を検討することが適当である。現代社会の祭りは、いちじるしく多様化しており、なかなかその本体がつかみにくくなっている。大学の学園祭や、都市の団地祭り、商店街の大売出しの祭りなど数をあげればきりがない。共通して指摘される点は、これらイベントの祭りには、宗教的性格が欠如していることである。祭りには、本来二つの側面があったといえる。一つは、マツリをタテマツルとし、もっぱら神霊に奉仕する姿勢から生じたヒトの行動を含んでいる。一般に、神社の祭りで、宵宮とか夜宮と称し、前夜祭だと思われている段階がそれにあたる。参詣人の数はまだ少ないが、神殿奥深くでは、少数の神官、氏子総代や重立った役員たちだけで神事が行われるのである。これをヨミヤと称しているが、その根底には、カミを迎え祀るためのお籠りがあったと考えられている。神道の祭式には、ミソギとコモリが儀礼の過程で意味をもっているのである。お籠りの目的は、カミを迎える準備過程で、祭りの空間を浄化することを目的としていた。祭りの聖なる時間が、そこに現出していたのである。折口信夫の祭り論で注目されるのは、季節祭の位置づけ方である。折口によると、季節の折り目との対応は、あきは飽食《あきぐい》、ふゆ《ふゆ》は増殖、はるは晴るから生じたもので、日本の祭りのリズムが、秋・冬・春を基準に行われるという構造が説明されている。とりわけ冬籠りから春になる年の改まりが、強調されたのである。コモルことからハレになる状況は、カミの出現によって可能であり、カミの来臨のために、不浄を排除する禊が課せられ、カミをタテマツルために選ばれた氏子たちを中心とする時空間が設定された。これが宵宮の位置づけであり、神事として、神社ごとに伝承されている。

神遊び

そしてその翌日に神霊の顕在化したことを示す儀礼が展開するのである。これが祭りのもう一つの側面である。神輿の行列が美々しく町や村を練り歩き、多勢の観客がどっと集まってくるのである。祭りの晴れやかな部分であり、祭りといえば、神輿を威勢よくかついでまわるものだという理解になっている。この過程を祭事と見、前者の神事と対称的な空間とみなす考えもある。祭事は一般に、祝祭空間として分析の対象となっている。しかしくり返すように、祝祭だけが祭りではない。神事として残存する部分を包括してはじめて祭りの体系がわかってくる。一般に宗教的要素が欠如しているというのは、後者の部分つまり祝祭空間のみが強調され過ぎるからであろう。柳田国男は、ヨミヤを中心とした祭りを、本質的なものとみていた。そして後者の部分を祭礼ととらえ、風流《ふりゅう》という趣向をこらす工夫が加えられ、派手なショーとして展開する状況を二次的段階とみなしたのである。つまりカミが来臨して、ヒトのなかに立ち混じるようになり、人間側が祝祭空間を管理するようになって、ここに「遊び」が生まれたのである。遊びは「神遊び」という表現があるように、本質的にはカミを中心に作られた文化といえよう。

福島県下では、休日に対してカミゴト（神事）という名称を用いていた地域がある。休日は正月・盆・節供などが中心であり、これらの日が厳粛な家ごとの神祭りの行われるべき日であったことを示している。休日を「遊び日」と称する地域は多い。これを文字どおり遊興する日としているのは、村祭りとか雨乞いなどの後、後片づけをする日に、若者たちが遊びまわってリクレーションをしたことから説明されているが、一方では、神輿が練り歩く「神遊び」の意味も含まれていたと考えられる。

都市の祭り

ところで都市の祭りは、祭礼あるいは祭事が中心となっている。また都市独自の生活環境が生み出した夏祭りでは、かならず風流化の要素が伴っている。夏祭りは、川にそって発展した都市空間の浄化作用を基本にもっているといえよう。多くの都市は水辺に成立しているが、人口過密のため、しばしば災厄が発生した。そこで累積した「穢れ」すなわち災厄を除去するための祭りが行われた。とくに高温多湿で、流行病などの集中する夏期に行われるのであり、それが旧六月の牛頭天王《ごずてんのう》を祀る夏祭りを普及させたのであった。水辺で水神を鎮め、災厄を払うという意図から、ミソギが儀礼の中心となっている。水辺で神輿が洗われたり、水中に若者たちが飛び込むのも、ミソギの変化した形なのである。

ミソギ・コモリ・ハラエ

祝祭や神事を含めた祭りの構成原理として、ミソギとコモリとハラエの三つは欠くことのできない要素とされている。夏祭りの場合は、ミソギとハラエの要素が、冬・春祭りの場合には、ミソギとコモリの要素が、より多く現象面に表出しているという特徴がある。祭りは、ハレであり、日常生活のケと対比するものと理解されてきた。折口信夫はこのハレが、ハラウ（祓う）要素から顕在化したことを指摘している。祭りにおいてコモル後にハラウ、ミソギしてハラウという有機的関連性があることも確かであろう。

本書第4講でのべたように、一般にケからハレへ、ハレからケへという関係を、日常対非日常、俗対聖というように割り切ってとらえていたことに対し、ケからハレへの移行過程に、「ケガレ」の要素を導入しようとする方向があった。

気枯れと穢れは内在的には連関性をもつという理解にもとづいている。すなわちケである日常態が維持できないというのは、一方で死穢や血穢によってもたらされた「穢れ」の累積があり、これは個人レヴェルと共同体レヴェルにそれぞれ表出している。祭りにおいて「穢れ」の部分を排除することが、ミソギ・コモリによるハラエなのであり、「ケ枯レ」の文脈からいうなら、ケの活力を回復するために、エネルギーを充足するのが、ハレの状況すなわち祭りということになろう。

ヒトの祈願

ヒトはカミに対して祈願するのが一つのならいとなっている。祈願の習俗をみると、やはり個人レヴェルと共同体レヴェルとがあり、それぞれ個人祈願、共同祈願と名づけている。

共同祈願の中で代表的なものとして雨乞い・虫送り・疫病送りなどがある。旱魃がもたらす水枯れ、害虫による凶作、疫病の蔓延《まんえん》などは、ムラの崩壊や生命の危険をもたらし、ムラ全体の存亡にかかわる事がらであるがゆえに、必然的に共同祈願の方式をとるものといえる。

このうち、雨乞いは、水や降雨を統御する竜神・水神の霊威を促すところに主眼がおかれ、鎮守や氏神の神社などに籠る型、雨乞踊りにみるように、鉦《かね》や太鼓を打ち鳴らし大声で雨乞いの唱えごとをする型、千駄《せんだ》焚き・千把焚き・火振りなどとよばれ、山上に薪を積み上げて火を焚く型、神聖な池に汚物をわざと捨て神の怒りをかうか、水神その他を強要する型などに分けることができる。虫送り・疫病送りなどの祈願は、悪霊のなせる業とする考え方にもとづき、超自然的存在を排除する方式がとられる。悪疫流行にさいして鉦・太鼓を打ち鳴らしながら村中を回り、ムラの外へ疫神を送り出す習俗や、人形送りと称して藁人形を作り村境で焼いたり、川や海に流すなどの習俗は広く行われているものである。また、外部から侵入する疫病神や御霊などを防禦するために行う道切りなどの祈願も、共同祈願として位置づけることができよう。

一般的にみて共同祈願から個人祈願の方式へとその変遷が考えられるが、ムラの共同体規制の弛緩や都市化社会の拡大化によって、現代では個人祈願方式が優越している。個人祈願は都市社会において成立した民俗とも考えられる。そこにはさまざまな祈願内容が含まれている。たとえば奉賽物・断ち物、千度参り・お百度参りなど数を重ねる方式があり、都市社会のハヤリ（流行）神が信仰の対象となっている。ハヤリ神には雑神が多く、ヒトの欲求に応じた神格がつぎつぎとつくり出されるところに特色があった。ハヤリ神もまたカミとヒトとの関係を反映した民俗現象の一つといえるのである。

参考文献

原田敏明『村の祭祀』中央公論社、一九七五年。
柳田国男「日本の祭」『定本 柳田国男集』第一〇巻、筑摩書房、一九六二年。
高取正男『神道の成立』平凡社選書、一九七九年。
桜井徳太郎『日本民俗宗教論』春秋社、一九八二年。
宮田登『神の民俗誌』岩波新書、一九七九年。
直江広治編『稲荷信仰』雄山閣出版、一九八四年。

13　妖怪と幽霊

1　妖怪とは

妖怪研究の目的

妖怪や幽霊の世界は、あの世とこの世の境界に位置しており、日本人の他界観と深くかかわっている。お化けの問題などというと、どうも一般に軽視され、かつ学問的な対象になるかどうか疑われてしまうかも知れないが、民俗学にとっては、妖怪論は他界観をはじめ、カミとヒトとの交流に関係する課題として欠くことのできないテーマであり、これまでも平田篤胤以来多くの研究成果があり、柳田国男にも『妖怪談義』という代表的著作がある。

柳田は、昭和一一年『日本評論』一一巻三号に「妖怪談義」というタイトルでエッセーを書き、その冒頭に次のように記している。

化け物の話を一つ、出来るだけきまじめに又存分にして見たい。けだし我々の文化閲歴のうちで、これが近年最も閑却せられたる部面であり、従つて或民族が新らたに自己反省を企つる場合に、特に意外なる多くの暗示を供与する資源でもあるからである。私の目的はこれに由つて、通常人の人生観、分けても信仰の推移を窺ひ知るに在つた。しかもこの方法をやゝ延長するならば、或は眼前の世相に歴史性を認めて、徐々にその因由を究めんとする風習をも馴致し、迷ひも悟りもせぬ若干のフィリステルを、改宗せしむるの端緒を得るかも知れぬ。もしさういふ事が出来たら、それは願つても無い副産物だと思つて居る。

お化けのことをいろいろ調査していくと、まずわかってくることは、人間のいだいている超自然的なものへの畏怖感つまり恐怖の感情であり、現代社会の人間は、感情もすっかり複雑化してしまっているけれども、もっとも原初的思考はどのようなものだろうかを考えてみることが必要だろう。

この問題を考えるとき、現代の高度文明社会のなかには、依然として古代的信仰の残存という形で民俗資料がある。これをたんに昔から現代に伝えられて残っているのだという表面だけで理解せずに、現実のわれわれの日常生活のなかには不可思議な世界が生き残っていて、しかも現実に機能している、そして何らかの意味をわれわれの日常生活のなかにもたらしているのだ、というとらえ方をする必要がある。

柳田説への批判

柳田は、妖怪はカミの零落した姿としてとらえた。たとえば、天狗とか山姥は、もと山の神であり、河童《かっぱ》は水の神であったと考えている。神が絶対的権威を失い妖怪となって、人びとにメッセージを送り、次第に人が妖怪を馬鹿にしていくプロセスが、民俗のなかに表現されているとみる。そこには神から妖怪へという道筋があることになる。

一方、柳田説を批判した小松和彦は、神と魔とは本来対立した存在だったとしている。すなわち古代社会には、カミに対立する災厄をもたらす悪があって、それが変化して妖怪化したとみている。たしかに柳田のように、カミ↓妖怪とみてしまうと、妖怪は当初存在していなかったことになる。一方、超自然的存在に邪悪なものを認め、カミとともに人間に畏怖心を与えていると考えることは、西欧的な神と悪魔の対立に通じている。しかしそこには日本文化としての表われ方が別にあるようにも思われる。

「妖怪」の語は比較的新しい言葉である。古代には妖怪という言葉はなく、「物の怪《け》」といっていた。モノノケは、古代の人びとにとっては、正体不明であり、その存在に対しては不思議な感情あるいは不安な感情を抱かせた。そこに人間の知恵とか理解を超えた、超自然的な働きというものを認めさせることになる。モノノケは、さらに百鬼夜行とか、魑魅魍魎《ちみもうりょう》といった漢字にも表現されてくるのである。

この超自然的存在、もしくは霊的な存在は、大きく二つに分類されている。

一つは、魔と呼ぶことができる。魔は、人びとにとって好ましい存在として判断された場合、カミに転化することができる。一方、神に転化しなかった、つまり好ましくないとされた妖怪は、個別化された後もなお妖怪として存在し続けた。つまり妖怪はカミになる場合もあるし、妖怪のままで終わってしまう場合もあるということになる。一方、カミの場合も、良いカミは崇められるが、それに対して悪いカミが妖怪化する場合もあり得る。

カミとか妖怪を考えた場合に、カミとともに、妖怪として存在する両方があって、カミが妖怪にもなるし、妖怪がカミにもなる、という考え方であり、一方的にカミから妖怪に変化したということだけでは、説明がつかないのではないかということになろう。

自然を代表する妖怪は、人間と自然との調和のプロセスがしっくりいっている場合には、つねに恵みを人間に対して与えていることになる。一方、人間が自然を大切にせず、またカミを丁重にもてなさないと、自然との調和が保たれなくなるといえる。つまり、災悪がもたらされるということは、両者のバランスが崩れたときであり、そのときに人間は超自然的な霊力を強く認めて、ひたすらそれを鎮めようとして「祀り上げ」という現象が生じてくる。ところが、祀り上げてカミとして位置づけられることによって、両者の関係はうまくいきそうにみえながら、結果的には秩序がすぐ崩れてしまうことになり、災悪という状況が人間社会に対して繰り返し表われてくる。その主たる原因は、人間のほうで祀り上げることに失敗してしまった結果である、と考えられていた。それがすなわち「祀り棄てられる」カミという形をとるのである。祀り上げられたカミに対して、祀り棄てられたカミが対比されてくる。そして祀り棄てられたカミの表われ方が、妖怪という形をとってくることになるだろう。

日本のカミには二つの面があった。一つは祀り上げられて恵みを与える面と、他は祀り棄てられて災悪をもたらす面である。これは日本のカミ観念の一つの特徴である。そのどちらがより強く出るかという点に特徴がある。カミの二面性の一方から出てきた邪悪な部分に対し、善なる部分がより強く印象づけられているといえる。一方、人間は魔を祀り上げる行為によって、それを神化させることがある。ところが、祀り棄てられたままの状態が長くつづいていると、妖怪のイメージとなって人間に対し復讐してくる。これがすなわち妖怪観の基本になっているといえよう。

こういう事例が、古代には魔というごくシンプルな形で表われていた。しかし、江戸時代には、われわれには馴染み深い妖怪の多数が、デフォルメされた形で多様に出てきているのである。

2　よみがえる妖怪たち

ゴジラと鯰男

ところで現実のわれわれの日常生活には、不可思議な世界が依然として生き残っていて、しかもそれが現実に機能しており、そして何らかの意味を日常生活のなかにもたらしているのだ、という考え方をとってみよう。

妖怪変化のさまざまにデフォルメされたイメージは、都市の知識人たちが作り出したことは明らかである。民俗学上は世間話と一括されるフォークロアのなかに、妖怪譚が数多く採集されており、いずれも怪奇要素が濃厚である。柳田国男が、神の零落したものを妖怪とした説は一理あるにしても、こうした都市文化から生み出されたいわゆる妖怪変化のすべてをいいつくすことはむずかしい。

お化けについては誰でも、多かれ少なかれ関心をもっている。以前「オバケのQ太郎」という人気漫画があったし、昭和四〇年代には、「ゲゲゲの鬼太郎」という漫画が名高かった。そして怪獣映画の主人公、「ゴジラ」もふたたび再三復活してきて話題となっている。

ところでゴジラは、東京の真ん中の有楽町に出現して、かつての娯楽の殿堂であった日劇を破壊して、さらに大東京をメチャクチャにこわしたというモチーフがある。

海の彼方からやってくる大怪獣というモチーフは、ちょうど安政二年（一八五五）に安政大地震が起こったとき、海の彼方から大怪獣・鯰男《なまずおとこ》が出現したという鯰絵のモチーフと同じである。鯰男という妖怪が出現して、江戸で栄華を誇っていた、大金持とか、有力な豪商たちをつぎつぎとやっつける。これを描いた鯰絵は瓦版形式であるが、「鯰絵」と称されてもてはやされた。ところでこの鯰絵に描かれた鯰男の姿は、ゴジラの姿をほうふつさせるものではあるまいか。

ゴジラと大鯰はともに海の彼方から出現した妖怪であり、かれらが都市文明を破壊するということはいったい何を意味しているのだろうか。大鯰やゴジラは自然界をシンボライズした姿であろう。鯰男にしろ、ゴジラにしろ、妖怪変化の形をとっているのである。怪獣、あるいは妖怪といわれるものは、人間がつくり出したものであり、それが人間自身を破滅に導く方向をもって説かれていることは確かだろうが、興味深いのはこの妖怪は破壊した後に人間世界を再生させようとする意図が秘められていることである。

妖怪と人の関係

たしかにゴジラは、メチャクチャに暴れながら、結局は人間の味方をするようになっているし、鯰男も怪獣となって現われて大都市江戸を破壊していくが、江戸の庶民たちは、鯰男の援助を受けて世直しが行われるものと考えていた。鯰男の破壊には「世直し」のイメージが伴っていることが指摘されている。ゴジラにしろ、鯰男にしろ、破壊者としてのイメージを持ちながら、結果的には人間を救済する方向に働いている。そしてこのことは自然と人間の関係において、人間のほうがつねに自然に対して潜在的に抱いている考え方の表われではないかと思われる。

ゴジラ、あるいは鯰男に示される妖怪をみると、われわれが、妖怪を絶えず身近にイメージしており、つくり出された妖怪を、われわれが恐れたりする一方では、愛したりすることもわかる。それは、人間と自然の関係を象徴的に表わすものだといって差し支えないのであろう。

3　妖怪と幽霊の相違と類似

幽霊とは

同じお化けといいながら、幽霊は妖怪とは異なることを力説したのは、柳田国男である。柳田は次のように指摘している。

都市の居住者の中には、今は却つて化け物を説き得る人が多い。これは一見不審の様であるが、その実は何でも無いことで、彼等は殆と例外も無く、幽霊をオバケと混同して居るのである。幽霊の方ならば、町の複雑した生活内情の下に発生し易く、又少々は心当りの有る人もあつて、次々の噂は絶えず、信じて怖れをのゝく者も出て来るので、これを我が同志者と心得て意見を交換しようとすると、がつかりする場合ばかり多いのである。幽霊もそれ自身討究されてよい現象であり、又最初の聯絡と一致点はあつたかも知らぬが、近世は少なくとも丸で物がちがつて居て、此方は言はゞ御寺の管轄であつた。（『妖怪談義』）

つまり幽霊は都市の人間が生みだしたもので、妖怪はそうではないことになる。たしかに江戸時代の歌舞伎や文芸のなかに、人霊が死後祟る現象を、さまざまにデフォルメさせて、視覚に訴えた表現をとった事例はきわめて豊富である。幽霊は文字どおり、あの世からこの世へ怨念をもっていったん戻ってこようとする霊魂なのであり、映像に示されると曖昧でかすかな存在のように映し出されている。幽霊画といった表現もあるほどであり、これらをやはりお化けとみなすこともまた当然なのである。

しかし柳田は、妖怪と幽霊との相違点をいくつか指摘した。

相違点三つ

第一番目に、妖怪は、出てくる場所がたいていはきまっており、もし人間がお化けを避けようとするならば、妖怪の出現する場所を通らないことにすれば、一生出会わないで済むこともできた。これに反して幽霊は、恨みや怨念などの意志をもってあの世からやってくる。幽霊に狙われたらば、どこへ行っても果てしなく追いかけられてしまう。そういうことは妖怪のほうにはあり得ない。

第二番目には、妖怪は特定の相手を選ばないで、むしろ大勢の人間に対して何かを伝えようとする。平生何らやましいところがない人間にとってみれば、妖怪が出てきて何か伝えてくるというのは、怖いだろうけれども、とくに心配しなければならないような問題ではない。妖怪に恨まれるようなことをした覚えがないとすれば、妖怪のほうから警告が発せられても、妖怪から恐れおののいて逃げ回るということは、必要ないことになる。ところが、幽霊は個人的な因果関係で特別の祟りを受けるという意識が伴っているのであり、そこに恐怖感に対する大きな違いがある。

第三番目に、幽霊と妖怪の現われる時間がちがっている。幽霊は丑三つ時つまり、午前二時から二時三〇分ぐらいのあいだに、音を立てて現われてくる。ところが、化け物のほうはだいたい夕暮時とか、あるいは明け方時である。これは人間に見てもらわないと具合が悪いからで、薄明時のころがよいとされる。妖怪は何か警告を発するのであるから、人を怖がらせなくてはならないのである。時間的にいうと、明け方か夕暮時のちょうど昼と夜の境界の時間にあたる。これを「かはたれ時」とか、「たそがれ時」といったのは「彼は誰か」と誰《すい》何《か》する意味からきたのであり、また「逢魔《おうま》が時」というのは、魔物に出くわす時をさしているという柳田の説明は適切であろう。

また夕暮時を、「まじまじごろ」「めそめそ時分」「うそうそ」などといったのも、やはり曖昧模糊とした時間帯で、映像がはっきり見えない状況を示しているのである。

時間と場所

このように柳田は妖怪と幽霊とを分け、共同幻覚、幻聴による妖怪と個人的な幻覚・幻聴にもとづいた幽霊とは同様な映像と見えるにしても、出現する時間と場所を基準にして弁別することができることを説明しようとした。すなわち場所の場合には山中の怪、これは天狗とか、山男、山姥などで道端の怪は道端に現われる妖怪、さらに家のなかの怪、水のなかの怪、等々、という分け方を示した。さらに妖怪の現われ方には、光を出し、音を立てるという特徴のあることもあげている。

基本的な問題は、人間には畏怖とか恐怖とかの感情があり、さらに錯覚とか幻覚といった経験がこれと重なり合い、さらに空想や、想像によって次第に具体的なイメージとなって一つの民俗文化が形づくられていったことである。妖怪にからまる状況を一般に怪異現象という。怪異現象は、共同幻覚とか、共同幻聴といった共通に人びとが抱いている現象が表面化してきたものといえる。

この場合、その基底に怖い、恐ろしいという感情があり、怖いという感情は、妖怪に対するものと幽霊に対するものとはどこかにちがいがある。それは幽霊が、特定の個人的心意の反映であり、当事者のみ、真の恐怖感を味わうのに対し、妖怪には、共同感覚の上で、怖いと感じている点なのである。「四谷怪談」で民谷伊右衛門がお岩を恐れる感情と、映画でゴジラが東京を襲ってくることに対する恐怖感情とは、同じ怖さでも異なった心意によっているのではなかろうか。ところで不思議なことは、妖怪に対する怖さのなかには、共通して何となく妖怪にある種の親しみをもつ感情が共有されているという点である。

口裂け女とウブメ

たとえば昭和五四年ごろ口裂け女という妖怪がでてきた。これは日本列島を席捲した妖怪であり、流行した当時、いろいろな結論がだされていた。それは小学校三年生とか四年生とか、いつも母親を怖いものと感じている子供たちの心意の投影といわれた。子供の世界のなかで口裂け女を生み出したのは、自分の母親に、いつも日常的に脅かされる状態。勉強しろとか、塾へ行けとかいわれ叱られる。小学生の時期にはもっと伸び伸びと遊びたいがそうはいかない。受験社会だからいつも勉強しろ、勉強しろとせめたてられている。そのイメージが口裂け女の姿をとった、般若面で口が裂けた恐ろしい形相の女の姿になって襲いかかってくるというのである。

この口裂け女の現われ方をみると、長い髪の毛をしてマスクをかけた女が、夕暮時に出てくるという。ちょうど子供たちが学校から帰って塾に行き、終わって帰りがけの黄昏時《たそがれ》でもある。マスクをかけた女の人が来て、「きれいかい」と尋ねる。きれいだといえば見逃してくれるけれども、「知らない、わからない」と答えると、マスクをパッとはずして、「どうだい、きれいだろう」という。そのときの顔が口がカッと裂けているというので、子供が恐れて逃げ出す。野村純一の興味深い指摘によると、現代の口裂け女のモデルは、日本の昔話の一つ「喰わず女房」にもある鬼女話の一面である。これが現代によみがえってくると、次第にデフォルメされていき、口裂け女は美容整形に失敗した三人姉妹の一人にも変形していったという。この口裂け女の姿形は妖怪山姥のイメージにも似ているのである。

山姥というと、鬼婆とか鬼女というデフォルメされた妖怪のイメージが、一方にある。しかし、山姥が出産するときに里の人間の目に触れるように現われてきて助けを求め、人間たちは出産する山姥を援助するという民話もある。これなどは恐ろしい、人をさらって食い殺すという山姥とは異質なイメージでもある。

ところで出産の最中に死んだ妊婦の霊は、死後ウブメという妖怪になると信じられていた。昔は、女性の出産による死亡者は数多く、そこには別に赤子の生命を伴っているので、母親としてどうしても赤ん坊の命だけはこの世に残したいという気持が表現されてくる。

このウブメは、妖怪とされてはいるが、人霊でもあるから幽霊にも成りうるであろう。ウブメは夕暮時になると、道の辻とか橋の上あるいは橋のたもとに立ち、通行人に、赤ん坊を抱かせようとする。それを預かった者は、赤ん坊を抱いているうちにそれがだんだん重くなってくる。あまりにも重くなったので、地面に降ろそうとするが、身動きできないような状態になっている。男は懸命になって我慢していたが、思わず、「南無阿弥陀仏」といった呪文を唱えると、ウブメが戻ってきて、「おかげでこの子はこの世に戻ることができた」といって去る。

ウブメが出現してくる場所は、橋のたもととか辻で、現われてくるときには、妊婦の死は出血多量のためであるから、下半身が失われた姿で戻ってきている。ウブメのイメージに非常に強い印象を与えているのは妊婦一人だけならともかく、胎内の赤子の命を伴っているからで、母親としては赤ん坊の命を是非この世に戻したいと念じ、そのため彼女の怨念が強く残ったのである。だからこの世に戻ってくるときに異常な大力を発揮するとされている。それは出産に伴う大きな力の表現であり、その異常な力を赤子を預かってくれた男へ代償として与えることによって、再び赤ん坊がこの世に再生できる、と考えているらしい。

このウブメは日本の代表的な妖怪であり、かつ幽霊ともいえる。妖怪と幽霊の境界に位置する存在であり、だから当時の人びとに一層恐れられたのである。

ところで口裂け女の話は、このウブメともつながりがあるのであるまいか。もちろんウブメがすなわち口裂け女というわけではないけれど、口裂け女の表現の仕方には、母親と子供の関係が基本に横たわっていることがわかる。すなわち子供が母親に対して潜在的に恐れの感情を抱いている一方、母親にとってみると子供を大切に育てたいという一念があり、そこから出てくるイメージである。マスメディアの世界を風靡《ふうび》したこの口裂け女のイメージはかなり複雑なのである。

妖怪口裂け女を、現実の人間と同じ形にしてしまうと、イメージは空しくなり、それはもうそれまでということになり消滅してしまった。実在化により本来持っていた口裂け女の活力に満ちたイメージがなくなってしまったのであろう。しかし、その根底には山姥やウブメの系譜をひいた妖怪の一つの表現があったと思われる。そしてこの妖怪は現代の母と子の関係を考えさせる上で明らかに一つの警告を発していたのである。

参考文献

宮田登『妖怪の民俗学』岩波書店、一九八五年。
小松和彦「魔と妖怪」『日本民俗文化大系』4、小学館、一九八三年。
阿部正路『日本の妖怪たち』東京書籍、一九八一年。

コルネリウス・アウエハント著、小松和彦、中沢新一他訳『鯰絵』せりか書房、一九七九年。

野村純一「『口裂け女』の生成と展開」『言語』一八巻一二号、一九八九年。

14　仏教と民俗

1　地域社会のなかの仏教

檀家と葬儀

仏教と民俗との関係について考える場合、当然ながら仏教公伝以来、日本の社会と文化のさまざまな面に浸透した、仏教の日本化のプロセスを追うことが必要であろう。インドに発した仏教は、中国・朝鮮半島を経て、日本に伝播《でんぱ》し、長い歴史的経過をたどり、文化複合体としての日本仏教ができ上がったといえる。とくに地域社会のレヴェルに、仏教は受け入れられ、住民の日常生活と結びつき、生活仏教と化した。仏教は民俗化しており、単純に、仏教と民俗は相対立するものとみることはできないし、また仏教的要素を民俗から切り離して、日本固有の民俗を抽出するということも容易ではなくなっている。

日本の地域社会の宗教生活には、神社と寺院が中心にあり併存していることは明らかで、とくに寺院の機能に注目してみると、仏教の民俗化した姿を知ることができる。

日本における仏教寺院の大部分は、それぞれの地域社会に檀家をもっている。その菩提寺《ぼだい》住職の任務は、檀家の葬式と先祖の供養法事を主宰するところにある。もちろん仏祖の降誕会や開山忌、彼岸会、盂蘭盆《うらぼん》の施餓鬼会《せがきえ》その他の年中儀礼にも従事する。けれど、地域寺院にとって、もっとも重要な機能は、葬儀において導師をつとめ、かつ先祖の法要にあたって慰霊と回向《えこう》とに力を尽くすことである。

葬送の儀礼や弔死の回向、そして墓制なども、見たところ仏教の儀軌にのっとり僧尼の教導によって形が整えられたようであるが、地域の実相に触れてみた場合、そのことごとくが地域社会に備わった文化伝統にもとづいた死生観、霊魂観、他界観によっていることが明白となる。

葬儀の変化

仏式の葬儀あるいは一周忌、三回忌といったいわゆる年忌法要に参列した経験のある人は多い。仏教と死者供養、先祖供養とのつながりは不可分のようにみえる。しかし本来仏教には、先祖供養の考えはなかった。日本仏教が死者供養と結合するようになったのは、いつごろから、またいかなる条件のもとであったのであろうか。

仏教による葬儀は、天平勝宝八年（七五六）の聖武天皇のときがはじめてであった。しかし当時の民衆が仏葬を行っていたという形跡は見当たらない。平安時代になって、仏教の影響である火葬が貴族社会に浸透していったが、年忌法要が広く行われていたわけではなかった。

仏教そのものにおける追善供養はすでにインド仏教において中陰の習俗、すなわち死後四九日目までの七日ごとに供養をする習俗が成立していたとされている。それが中国において儒教の思想や習俗と習合して、中陰の七回の供養に百日忌、一周忌、三回忌を加えた十仏事が成立したという。

ところが日本では七回忌、十三回忌、三十三回忌を入れた一三の追善供養の方法がつくり出された。これが日本で成立しかつ民間に定着したのは、一二世紀以降のことであり、中世末期から近世初頭であろうと考えられている。仏教はこの時期に積極的に民衆層への浸透を図り、その具体的表われが僧侶による死者追善回向であった。

それまでの民衆は、死体処理や追善回向を漂泊する遊行の聖たちに委ねていた。そして農民の経済力が上昇した結果、遊行僧たちを自分たちの村に定着させることとなったのである。

各地の一六世紀以後の寺院開創に至る動機の大部分は、菩提所または墓所であり、先祖供養を行うためとしている。

このような背景があったから、江戸期の寺請制度の実施、宗門人別帳の作成が実行できたのであった。それは、強力な権威の機構を確立した徳川幕府の力によって一方的に行われたわけではなく、それを受容しうる基盤が、地域社会における住民と寺院との間に成立していたからなのである。

明治時代に入って、寺請制度、宗門人別帳は、その法制上の根拠を失うことになった。しかし明治憲法によって家族制度が強化されたこと、また祖先祭祀が民衆の強い希求であることにより、仏教と死者供養・祖先祭祀との結びつきは実質的な変化を蒙ることがなかった。そして第二次大戦後、新憲法が発布されてから家父長制を旨とする家族制度は否定されたけれども、現在に至るまで祖先祭祀はなお日本人の宗教生活の中に大きな役割を果たしているといえる。

施餓鬼の意味

さて代表的な仏教民俗行事であるお盆には、かならず施餓鬼が伴っている。施餓鬼とは、死者の追善供養の儀礼であり、祖霊をはじめ、新精霊や外精霊と称される無縁仏を回向する形式をとる。仏教上では、餓鬼道におちた生類を済度するための布施行の一つであり、施餓鬼法として、日本でも受容された。そして日本の盂蘭盆会に施餓鬼会が習合するプロセスが、盆行事の一つの特色となっている。施餓鬼会の民俗化は、室町時代に入ってからとされている。亡霊の祟りが強調されたのは、戦乱による死者の増大と軌を一にする現象であった。さらに大都市が発達すると、人口集中が起こってきて、疫病が流行する、これを御霊の祟りの発現とみて、御霊を鎮撫する儀礼が生じてくる。戦乱も疫病もともに、施餓鬼会を助長する二大要因といえるのである。また施餓鬼会を葬祭化させるようになったのは、おそらく、祀ってくれる子孫をもたない死者が、盂蘭盆会の供養によって救済されるという考えが一般化した時点以後のことと思われる。

仏教儀礼である施餓鬼の中で注目される点は実修される場所が水辺に集中していることであった。江戸時代には「水施餓鬼」という名称もあった。七月一三日の夕刻より一五日にかけて、寺院の境内や墓前で、施餓鬼会が行われる。その際、供物に欠かせないのは、水である。施餓鬼棚に、「一器の浄水」が供えられることが重要だった。とくに水際で行われなくても、「水施餓鬼」の名称があったのは、そこに水の用途が強調されていたためである。藤井正雄の指摘によると、浄土宗においては、盆行事の際、祭壇に五如来の他に、香華《こうげ》・灯明・霊膳、三界万霊の碑を安置する一方、盂蘭盆浄水、蔬菜果物を供えた餓鬼壇を別にあつらえており、ここでは盆の精霊と餓鬼の区別をたてている。この場合、水はもっぱら餓鬼壇のほうに使われていることは注意すべきである。水を手向けたり、水をかけて供養する民俗には、水によって洗い流すという意図を含めて成り立つからであり、これは仏教と民俗が共通してもつ水に対する要素といえるのである。

禊と流灌頂

水の洗浄力によって、罪穢を払い清めるという民俗は、禊《みそぎ》によって代表される。水際から悪霊を払い流す民俗行事は数多くあるが、その根底には、禊の観念が横たわっているのである。仏教においても、水の呪力をとり込んだ儀礼が成立している。前記の水施餓鬼もその一例であるが、これと関連して流灌頂《ながれかんじょう》について考えてみよう。現在、葬送習俗として報告されている流灌頂は、妊婦の死に際して行われるものである。一般に小川のそばに四本竹を立てて、赤い布の四隅を結ぶ。そこへ通りがかりの人が水をかけていく。赤い色があせてしまうまで水を注がねばならないといわれている。この場合の説明に、妊婦の死は、血穢と死穢が重なっているため、その穢れがきわめて重いので、死後、血の池地獄に必ず堕ちることになるという。それを防ぐために、流灌頂の供養法が行われるのだと説明されている。「灌頂」とは、仏教のうちでも、密教儀礼として知られるものである。それは頭に水を注ぐ儀式であり、水は如来の五智を象徴している。この水を弟子の頂に注ぐと、仏位を継承することができるとする。さらに説明が敷衍されており、儀式の時に用いた灌頂幡《かんじょうばん》を水に流すと、その功徳によって、流水に触れた魚類や無縁の死骸まで解脱することができるという。灌頂幡は、掲げておいてその下を人が通れば、幡が頭にあたり、その人の罪障を消してしまうといわれる呪具であったから、流灌頂は、この灌頂の方式と、水の祓浄力とが習合したことになるのである。

一方、神社においても血穢は強調されていた。仏教においても、その点は共通していた。そのことを明確にしているのが、血盆経の存在である。血盆経の中には、女人が、毎月七日間、月水を流すと一年間に八四日間、さらに、出産に際しては、不浄の血を流すため一生のうちに、何百日も、不浄になっていると記している。さらに不浄の血は、諸神諸菩薩を汚すことはもちろん、川に流れると、その汚れた水が、汲みとられてお茶として神仏に供えられてしまうという大罪に及ぶ。中世から近世にかけて、女人の「五障三従《ごしょうさんしょう》」が設定されていて、血盆経は、それを免れるための呪法として発達したのであった。血盆経と流灌頂とは軌を一にするものといえるだろうが、その媒介となっているのは、民俗としての血穢の観念であった。この血穢を除去する水の祓浄力は、禊によるものだが、仏教民俗の領域では、それが流灌頂という形で、伝承されてきたのである。

2　仏教民俗行事の諸相

花まつり

次に仏教民俗の視点からとらえられるいくつかの具体例を考えてみよう。

寺院行事としての灌仏会《かんぶつえ》は、一般に花まつりとよばれている。

ブッダの誕生を祝い、四月八日に行われる。寺院では花御堂《はなみどう》を飾り、その中に誕生仏を安置し、それに香水や甘茶をふり灌《そそ》ぎ、ブッダの誕生を祝った。それはブッダが誕生したとき天から竜が下り香湯を灌いだという故事によっている。そしてこの法会はインド・中国においても、古くから催されていたらしい。

日本においては、推古天皇一四年（六〇六）四月八日に諸寺において行わしめたという記録が初見とされる。承和七年（八四〇）四月八日には、律師静安《じょうあん》が宮中清涼殿にて灌仏会を修している。やがて室町以降諸国の寺院で広く行われるようになり、現在に至っている。

一方、民俗に注意すると、四月八日ごろには春山入りという習俗が全国的に行われている。この日に、山へ入って花を採って里へ戻る。その名称も花の日、テントウバナ（天道花）、タカハナ（高花）、山登りなどともよばれている。四月七日に物忌をし、八日朝に山へ入り、藤の花房をとってくる地域もあれば、タケマイリ（岳参り）と称して、山登りをして山ツツジの花をとってくる地域もある。

春山入りで重要なことは、その花を仏壇ないし墓地に供えたり、四月八日を墓参りの日と称して、盆同様の習俗を行うことである。また四月八日を祭日とする神社も少なくなく、その日に山の奥宮より里に神を迎えてお祭りする。すなわち、四月八日の民俗は、神ないし祖霊を山から迎え祀るという意味をもっていることが指摘されている。

四月八日の習俗には、春における祖霊迎え・死者供養の性格が見られるのであり、その点が仏教民俗の課題にかかわってくるのである。

お彼岸

春分・秋分の日を中心に前後三日間、計七日間ずつを彼岸といい、春分・秋分の日を彼岸の中日とよんでいる。一般に行われているこの期間の習俗には、墓参り・墓掃除・寺参りなどがあり、寺院では彼岸会が催され、彼岸の行事全体が仏教行事の典型を示しているようにも思える。

彼岸という用語は梵語の波羅（pāra）の訳語であり、本来の意味としては、迷いの多いこの世を此岸《しがん》というのにたいして、悟りの世界をさして彼岸と称し、そこに到達することを意味したのである。そして仏教では春分・秋分を中心とする前後七日間を涅槃の彼岸に近づくべき特別の仏道修行期間と位置づけ、その期間が強調されたために、この時期を示す名称として一般に彼岸という用語が用いられるようになったのである。

しかし、仏教行事としての彼岸会は文永六年（一二六九）に来朝した大休禅師の「大休禅師語録」によると「日本国風俗有春二月秋八月彼岸修崇之辰」と特記されていて、インド・中国ではみられず、日本において独自の展開をみた行事とされている。

日本における彼岸会は、大同元年（八〇六）に早良《さわら》親王の怨霊を鎮めるために春秋二期の七日間、諸国国分寺の僧をして金剛般若経を読ませたことにはじまり、以来、浄土教の流布と相まってひろく行われるようになった。

彼岸の時期に行われている民俗に注目すると、第一には墓参り、寺参りに代表されるような先祖祭りの習俗であり、第二は太陽崇拝の信仰であり、そして第三は農作業の折り目として行う行事である。

たとえば、新潟県下には、春の彼岸の入りの日に門口で藁火をたき、「じじたち・ばばたち、このあかりについてござれ、ござれ」といいながら仏を迎える土地があった。こうした盆とおなじような習俗を行う地方は秋田県下でもみられ、春分・秋分の時期に先祖祭りを行っていたことを示している。

太陽を崇拝する習俗は、かなりひろい地域に認められる。富山県下では、春の彼岸の中日を盆日と称し、この日は農作業を休み、ぼたもちを作って夕日を拝んだと伝え、また秋彼岸の中日に、コンニチムカエと称して、朝に東方に向かって弁当をもって出かけ、昼ごろ帰宅するという習俗がかつて兵庫県下で行われていたという。

民俗全体のなかでも太陽崇拝の信仰習俗は少なくなってはいるが、彼岸の習俗が示すように、かつては昼夜の長さが等しくなるこの時期に、太陽を崇拝する信仰習俗がひろく行われていたものと思われる。また仏教における彼岸会も、太陽を対象とする信仰と習合した結果、春分・秋分の時期に彼岸会の行事が行われるようになったとも考えられ、民間に流布した阿弥陀信仰も、太陽崇拝が一つの契機となってひろく普及したのであった。

彼岸は、「暑さ寒さも彼岸まで」といわれるように季節のかわり目にあたり、この時期を農作業の区切りとする習俗もひろくみられる。たとえば、春彼岸に種浸けをする習俗もひろく、田畑の仕事にかかる前の道普請をする地方も少なくはない。一方秋彼岸に稲の刈り初めや穂掛けの行事をするところがあり、春の彼岸を夜なべじまい・昼寝はじめ、秋の彼岸を昼寝じまい・夜なべはじめとしている習俗もひろい。

このように彼岸の時期にみられる民俗は、春分・秋分の時期を季節のかわり目としてとらえ、作物の豊穣にかかわる太陽を崇拝対象として祀るとともに先祖祭りが行われていた。そして、こうした民間の信仰習俗が基底にあって、仏教行事である彼岸会を普及させたのである。

地蔵と観音

地蔵信仰は平安末期から鎌倉期にかけて、当時の末法思想とも関連して、日本人の信仰生活に浸透していった。日本における地蔵信仰の特徴の一つは、子供との結びつきである。地蔵は、現世と来世の境界にある賽の河原で、地獄の鬼から子供を守るとされる。このイメージは、地蔵和讃の流布を通じて、近世以降の民衆に強くアピールしてきた。子授・子育地蔵は全国に数多く見られる。不運な死を遂げた子供の供養のために地蔵像が建立されることが多い。また現世と来世との境の仏としての地蔵は、村の境の神である道祖神（サエノ神）と習合したため村境に地蔵の像が多く見られるのである。

昨今流行している水子地蔵は供養の対象が水子という世に出なかった霊であり、世間には公表しにくい対象への供養という点で、他の仏菩薩ではなく地蔵が特別に救済してくれるという信仰が現代に生きているのである。

次に地蔵と並ぶ観音信仰は平安時代に発展した。各地の観音霊場として名高い寺院が数多くある。また西国三十三ヵ所観音巡礼は日本の代表的巡礼である。その他には坂東三十三ヵ所霊場、秩父三十四ヵ所霊場など、西国霊場に劣らぬほどの巡礼を集めているところがある。

『観音経』とよばれる『妙法蓮華経観世音菩薩普門品』には、ひとたび観音の名を念ずれば、即座にさまざまな利益が得られると説かれていた。また観音は勢至菩薩とともに阿弥陀如来の脇侍として、阿弥陀三尊の一菩薩となっている。そのため、浄土への往生にさいして、阿弥陀仏とともに観音が死者を迎えにくるという信仰を生んだ。観音は、現世の事がらばかりではなく来世への民衆の願いとも結合したのである。

またわが国の観音信仰には女性のイメージが重複している。子育観音、子授観音といった信仰がその表われである。

さらに観音は水に関係している。そのためもあってか、観音は農耕とも深く結びついている。たとえば雨乞いに霊験ある仏菩薩として観音が拝まれることも少なくない。

一方、観音が住むという補陀洛《ふだらく》浄土への信仰が高まり、いわゆる補陀洛渡海を試みる行者も何人か生み出されていた。海のかなたに観音浄土があるという考えなどは、ちょうど沖縄などのニライカナイ信仰と相通ずる点でもあろう。

墓の変化

死を恐れ、穢れとして忌避しながら、漠然と霊魂があの世とこの世との去来を信じていた人びとにとって仏教、特に浄土教の教えは輪廻転生・因果応報を説き、極楽浄土への願いをひらかせた。そして、死者に対する一連の供養儀礼が展開してきた。僧や寺を中心として行われる年忌供養、菩提寺の建立、石塔の造立の風習は仏教の関与のもとに一般化してきた。

特に墓地における石塔の建立は、人びとの墓地に対する意識と儀礼とを大きく変容させたのである。石塔建立の一般化は平安貴族の墓地の石卒塔婆の類から、中世の板碑や五輪塔の流行、それに近世庶民の墓塔の定着へとたどった。そして、死霊の鎮撫と死者の供養という二つの機能が次第に前者から後者へと移ってきたことを指摘することもできる。

埋葬地の樹木やモリやヤマの常緑樹の繁みに霊が宿ると信じ、やがて水平線のかなたへ回帰するという思考に対して、仏教式の供養石塔の印象はきわめて強力であったろう。そして死霊を、季節ごとに饗応して祀り、そして送るという霊魂との交流の儀礼とその方式が、主として盆祭において継承される一方、墓参を中心とする先祖供養の儀礼が年忌や、盆・彼岸など季節のおりおりに墓地の半永久的な石の装置である石塔に対して行われるようになっていったのであった。

民俗の仏教化・仏教の民俗化

以上の実態からわかるように、日本仏教が導入時においてすでに諸文化の累積したものであったという事実の上に、さらに定着化の過程における変容という二重の変容があったこと、さらに定着化の過程には仏教が民俗に意味づけを与えてとりこむという「民俗の仏教化」と、仏教が民俗に傾斜して仏教要素を薄めていくという「仏教の民俗化」の二つの方向がある。そして、この二方向を展開の軸にして、新たな仏教民俗研究の発展的方向が考えられてくる。

藤井正雄は、「民俗の仏教化」の観点が従来あまりかえりみられなかったことを指摘している。それは民俗によって規制されて、仏教が変容するという考え方なのである。そして、「仏教の民俗化」と「民俗の仏教化」の両面を総合して「仏教民俗学」が成り立つべきだと主張している。とりわけ寺院の展開に目を据えているが、仏教と民俗との対比は等価値におかれており、方法論的には、民俗学を中心に仏教学の研究をふまえながら人類学的・社会学的・心理学的アプローチという諸分野の研究の多面性を総合することになる。

とりわけ、日本の仏教民俗学の成立は漢訳仏教圏である東アジアから南アジア、さらにチベット仏教を含めた仏教圏全域にわたる視野のもとで比較仏教民俗研究となっていかなければならないのであろう。

参考文献

五来重『仏教と民俗』角川書店、一九七六年。

五来重『続仏教と民俗』角川書店、一九七九年。

藤井正雄「比較仏教民俗学覚え書き」桜井徳太郎編『日本民俗の伝統と創造』弘文堂、一九八八年。

桜井徳太郎「仏教民俗学への志向」桜井編『日本民俗の伝統と創造』弘文堂、一九八八年。

佐々木孝正「流灌頂と民俗」五来重他編『講座日本の民俗宗教』2弘文堂、一九八〇年。

田中久夫『祖先祭祀の研究』弘文堂、一九七八年。

15　都市の民俗

1　民俗学と都市

生きている民俗

民俗学が都市を研究対象にする方向が、近年定着してきた。近代化・工業化・都市化の諸現象が、二〇世紀後半世界的に広がり、一九六〇年代以後は日本においても、民俗文化とそれまで包括されていた実体が衰退・消滅していった。それに呼応して、「民俗」とはいったい何かという問いが切実に議論されるようになった。

民俗とは、たんに過去の産物ではなく、現代社会を反映する存在とみなすことは重要であるが、そこには方法論上の困難さを伴っている。民俗が古代社会の残存物ではなく、現実の社会にどのように機能しているのか、つまり生きた民俗の状態としてとらえるにはどうしたらよいのかが切実な課題となってきている。

そこで当然フィールドとしての現代における都市社会の存在が浮上してくる。まず都市化という現象の中に変容あるいは再生している民俗文化を発見する作業が必要となった。次に、都市に展開している大衆文化の中に組みこまれている民俗を積極的に抽出していこうとする問題意識が大切である。その場合、まず都市化地域にみられる民俗の変化のプロセスを知ろうとする。urban folklore の分野がある。そこでは都市という社会環境に適応している生活様式や生活意識を具体的にとらえていく方法である。他方、高度情報社会となった現代には、都市はもはや限られた地理空間に限定されなくなっている。口から耳へ、音声を媒介に伝達されるコミュニケーションの回路は、マスコミ、マスメディアを形づくっており、そこに展開するフォークロアは、口頭で伝達され、流布していく表現形式でもある。そうした新しい都市の民俗資料を再検討しながら、都市と民俗の問題を深めていく必要があるだろう。

城下町

ところで「都市」という漢字に包括される内容は、ミヤコ（都）とかマチ（町）にあたっている。そして柳田民俗学の一つの特色は、都と田舎（村）とが連続するといういわゆる都《と》鄙《ひ》連続論が軸となっていた点である。

日本の伝統的都市の典型である城下町は、柳田国男にいわせると「強ひて寄集めて拵《こしら》へた都会」なのであり、城と武家屋敷が広大な面積を占め、その一隅に武士の御用達をする商人・職人の住む町人町があるという構成であって、一般に武家七、寺社二、商家一の比率だった。明治になって、武家が退転した後も城下町が都市として機能して現代に及んでいる点について、柳田は「周囲の村々に住む農民が、御城下の町の真の支持者になつて居た」ためだと指摘している。そこにはかつて領民が各自の「御城下」を都同様大切に思って、御国《おくに》自慢の種にするような気風が育ったのであるという。(『都市と農村』)

市町

ところで『一遍聖絵《いっぺんひじりえ》』に描写された備前（岡山県南東部）福岡の市は、草葺きの市屋に、店を並べて商いをしている情景が描かれている。この場所は山陽道の宿場であり、人びとの往来がきわめて盛んであった。つまり宿場町に市が立っていたわけで、市日は日頃よりいっそう活気を帯びていたことがわかる。すなわち市屋があるのは、定期市があったことを示している。これを三日市、四日市、六日市、十日市などとよぶが、市が町に呼称変化しても別におかしいとは感じられなかった。市を成立させる商人の多くは市の開催地とは別のところに住み、そこから出かけていった。そういう商人たちの住むところがマチ（町）と考えられていたのである。

しかし市を町とよばせる事例が各地にでてくるのは、定期市となって、渡りの市立商人よりも定住化した商人が多くなってきたためであった。しかし市町として単独に町が成立したのかというとそうではない。市が立つのは、そこが政治的な中心地であるとか、港・宿場のような地域だからである。まず市が立って、町が形成されたというより、町の要請で市が立ち、やがて商人が定住して市と町が複合して市町になるという傾向が江戸時代には多かったといえる。

宿場町

ところで非農業民が一定の場所に住み専業化していく例は、まず城下町に見られたが、さらに交通を媒介して発達した宿駅《しゅくえき》があり、宿場を町と表現した事例も多い。駅の機能は伝馬《てんま》の供給であり、馬をもつのは農民であった。運送の需要が増加するにつれ、農業をやめて専門の馬持馬方《うまかた》が生まれてくる。いつと無く眼前にある田畠に、手を触れぬ者が幾らも住むようになったのである。そこで柳田は宿場の気風として、農業に冷淡となり、茶屋商売を町の繁昌の種にしようとする感心し難い気風が形成されたと、宿場の町柄についてのべている。

宿場の町並みは、道の両側に家がきびすを接して立ち並び、裏通りが少ない。旅人の宿泊と食事を目的とする旅籠《はたご》と茶屋が、街道沿いに並んでいるのである。そういう街道沿いの家の内側から、簾越《すだれご》しに人の往来を見つめているのが宿場の住民の姿勢であったろう。往来はそのまま「世間」であり、家の内から外をじっと眺めながら、旅人たちに巧みに土産品などを売りつける宿場の気風が生まれたというのである。桜田勝徳は、宿場が村の中の町であることに注目して、村の中にあって町を見、町にあって村を見ることのできる宿場を民俗調査するならば、日本人の民族性が解明できるのではないかと提言している。

一方、柳田国男は都市民の心意を「衣食住の材料を自分の手で作らぬといふこと、即ち土の生産から離れたといふ心細さが、人を俄《にわか》に不安にも又鋭敏にもした」(『都市と農村』)と説明している。「町の住民の殊《こと》に敏捷《びんしょう》で、百方手段を講じて田舎の産物を、好条件を以て引寄せんとした」理由の一つに、そうした心情が基底にあったことがあげられるのである。これが宿場の住民の商売上手にも通じ、ひいては日本人の「エコノミック・アニマル」的根性にも通底すると桜田はみたのである。

都鄙連続論

このように日本の都市の性格は、多様な町のあり方に規制されていることが自明である。「所謂《いわゆる》屋敷町にはつい此頃まで、まだ沢山の田舎風の生活法が残つて居た」(『都市と農村』)というように、かつて武士が農村からそこへ移住してきたためであった。また町人にしても、村から転業してきた人ばかりであったためだという視点が、都鄙連続論の認識の根幹にあった。それは「三、四世紀前には都市と名づくべきものが、日本には無かつたのだから当然の事」(同前)なのである。

しかし外国の都市との異質性が明らかにされたにしても、一方で都市を母胎とした社会構成が成り立ってきたことも否定できない。町の住民の生活文化の営みもそこに累積されており、それが民俗化したことはたしかなのである。それは「孤立の淋しさと不安」を基調とした「都会風」の文化として表出したものであった。中井信彦はそれを「『長屋』生活を常のものとする『忍耐』の体験の所産である」としている。

ところで、町場・都市を民俗調査の対象とすることは、これまでの民俗学の上ではあまり論議されることがなかったのである。それには大きく二つの理由があった。一つは、「村」

的な民俗文化は、都市社会では、すでに消滅してしまっているのであり、「村」の中の民俗調査から日本文化の本質を求め「日本人らしさ」を発見することを第一義とする限り、都市の民俗調査は無意味なものとなってしまうとする考えによっている。他の一つは、都市民である武士・商人・職人その他の非農業民たちの具体的な民俗を客観的にとらえる調査方法に欠如しており、どうしても断片的かつ恣意的になりやすい傾向になるという考え方があったからである。

しかし都市民俗の領域への関心が高まってきたことに対応して、各地の伝統的地方都市に展開している民俗文化を調査する方向がでてきた。それは、すなわち「村」のほうから町が観察でき、「町」のほうから村がとらえられるような条件のある、いわば両義的なフィールドを設定することが可能かどうかということを一つの前提としている。別言すれば、都市と村落とがたえず交流し合っているような、街道筋の宿場町とか、港町、あるいは城下町といったような日本の伝統的地方都市がクローズアップしてきたのである。

民俗の崩壊と再生産

一方、都市を考える上で山村、農村の過疎化の問題がある。過疎に対応した民俗の消滅や再編成の仕方、そのプロセスを追跡することも民俗学上の意義の大きいことが論じられてきている。その際、かりに現象面で消滅したとしても、実は潜在的には強固に伝承されているのが民俗なのだという主張があり、民俗の崩壊・変容の中に、逆に民俗の本来的な姿を発見できるかも知れないという予測がある。だから一方的に民俗の崩壊または消滅という視座にこだわらず、むしろ民俗の再生産という積極的価値に転換させることも必要なのである。

右の視点をさらに客観的に深化させるためには、民俗変化の時点を基準として設定すべきことは明らかだろう。たとえば、明治以来の日清・日露戦争、関東大震災、第一次大戦、太平洋戦争、昭和三〇年代といった近・現代史におけるエポックの時点を設定し、その前後の地域社会の変化をとらえる。つまり民俗変化をマクロな視点とミクロな視点で、外側と内側の両面からたどるのである。これは民俗変化を現代の社会変動論の中で理解するための必要な条件なのであり、したがって調査対象も、前述のように、都市と村落とが交流し合っているようなフィールドであると一層興味深いのである。端的にいえば、都市民俗の姿は、つねに変化と維持、消滅と再生のくり返しであり、それらの諸要素を抽出して比較する試みが必要なのであろう。

2　都市民俗の特徴

大都会の民俗

さらに今後の都市民俗研究に恰好のフィールドとしては伝統的都市に加えて、大都市空間の中核というべき高層建築の林立する空間を無視できぬことも自然の理なのである。これは、都市に民俗の核心ありやなしやと自問したこれまでの柳田民俗学への回答ともなるはずであろう。現時点で、そのための端的な事例として、高層団地やアパート群を都市の民俗を担う最小生活単位とした民俗調査が行われている。

たとえば団地における人間関係の民俗を通じて、女性や子供文化がクローズアップされているのも一つの傾向である。

アメリカ民俗学の動向

アメリカ民俗学の動向も都市民俗を強く主張している。アラン・ダンデスは“Who are the Folk?”を設問として、都市民俗の担い手を問題とした。彼は、農民としてのフォークを超え、都市住民としてのフォークが自立できる可能性を確認している。この場合「フォーク」とは何を意味するのかというと、「少なくとも一つの共通要素を共有している集団の人びと」であり、その共通要素は、職業・言語・宗教なんでもよく、「重要なことは、どんな理由で形成された集団でも自分自身のものとよべるいくつかの伝承をもっていること」であり、それは「その集団が集団としての一体感をもつのに役立つ伝承の共通核の部分を知っていることである」という。この見解は、民俗が高度に産業化の発展した地域においては消滅するであろうという予測を超えることになり、逆に、アメリカ、ヨーロッパ、日本などの諸国において、フォークが死滅せず、十分に生きておりかつ新しい民俗を生み出していることを予測させるものとなる。

たとえば都市社会のフォークは、職業集団のもつフォークロアを対象にすることによって再構成が可能であろう。ダンデスは、野球選手、炭鉱夫、牧童、漁師、木樵、鉄道員たちが、かれらの集団内にもっている独自のフォークロアに注目している。そしてさらに、サーファー（波乗り）、オートバイ乗り、コンピューターのプログラマーなどの新しい集団の出現により、新しいフォークロアが創造されているとも説いている。

ダンデスの主張したモダン・フォークロアないし都市社会の民俗現象について、日本の民俗社会で同様な発見も明らかに可能であり、伝統的な都市社会の民俗の実態については団地、アパートの民俗現象、サラリーマンの民俗、競馬などのギャンブルにかかわる民俗として、つぎつぎとそれらの研究成果も生まれてきている。

都市住居の心意

大都市の生活環境が生み出す都市住民の深層心理が、さまざまなフォークロアをつくりだしていることに対して、アメリカの民俗学者たちが気づき、近年都市伝説の概念のもとに調査研究が蓄積されている。

すなわち都市といえば、高層ビルが林立し、デパートやスーパーマーケットが立ち並び、機能的かつ快適な日常生活が送れる空間という認識を誰もがもっているだろう。都市は繁栄のシンボルであり、そこには洗練された都市文化が展開している。他方、都市の人口集中が生み出した大混雑、スラム街の発生、病気による汚染、犯罪の頻発、そして孤独な一人ぐらし等々のひき起こす危険かつ不快・不安な日常生活の実像が浮かんでくるだろう。従来の議論には、こうした安全と危険、繁栄と貧困・社会不安といった対立するイメージが都市につきまとっていることの指摘がなされていた。しかし、それらが都市民の日常生活文化に反映して民俗を形成させていることについては、十分な分析がされていなかったといえる。

アラン・ダンデスと並ぶハロルド・ブルンヴァン著『消えるヒッチハイカー』には、アメリカの大都会の日常生活の中で起こっている奇怪な出来事についての噂話・笑話などを集めて、都市伝説という形で収集されている。面白いことは、これらの話がいつどこで誰が作ったのか全く不明のまま、学校や会社などの人びとの間で口伝えによって語られだしていき、それがだんだん拡大して、興味本位に脚色されながら次第に現実性をおび、真実なのか虚偽なのかわからないままさらに伝えられていく。話の出来方が日常の身近な事件であり、知人を巻きこんでいく様子があり、それがどの都市でも類型性をもつ傾向があるという。噂であると同時に、根も葉もない荒唐無稽の内容でもないことは、それらが日常性に深く根ざしているためであると推察されている。

たとえば、有名な消えるヒッチハイカーの話とは、ある人が車でハイウェイを通過中、一人のヒッチハイカーを拾ったが、目的地に着くと、座席にその姿がなかった。そのヒッチハイカーは、かつて交通事故で非業の死をとげた若い女性であり、両親の家に戻ってきた幽霊という設定である。都市近郊のハイウェイで、こうした話が語られているが、当然アメリカにおける自動車の急速な発達と軌を一にしたものといえる。ハイウェイで故障していた自動車の若い二人づれのうち、若い男のほうが惨殺されたり、妻の愛人の所有と思われたキャデラックの新車にコンクリートを流しこんで、車中の男女を殺そうとした話など、いずれもモダン・ホラーとして紹介され、各地であたかも実在の事件のように扱われている。自動車文明が生み出した自動車の密閉された空間や深夜人気《ひとけ》のないハイウェイを通過するときの共通感覚が、不安や恐怖感として表現されていることがわかる。

学校の民俗

ところで常光徹による「学校の世間話」に関する研究によると、大都市とその周辺の小・中学校の生徒たちの間に、独自のフォークロアが認められた。それは、「コックリさん」や「せんさま」と称する不思議な遊びが、とりわけ女子生徒の間で流行していることである。そこには、神霊の憑依《ひょうい》現象ともいえる民俗宗教のタイプが発現しているとみられる。小学校五、六年生の年齢に以上のような現象が顕著であることは、たしかに興味深いものがある。そのことと対応させながら常光は、東京都下の市立A中学校の一年生（一二〜一三歳）を対象に、「妖怪や不思議な話についての調査」を実施した。一〇日間に被調査者九七名から、一六〇話が得られたという結果は、この種の調査としては驚くべき数字であり、この年代の生徒たちの反応が、素早かったことを物語っている。

その中の話題として多かったのは、学校のトイレ、しかも女子トイレに出没する妖怪の話である。注意を惹くのは、赤い色と血が結びつけられ、恐怖を喚起させている点である。たとえばトイレ内からの声で、「赤・青・黄の三色のうち何色が好きかと問いかけられる。赤と答えると、血まみれで殺され、青と答えると、身体の血を抜かれ真っ青になってしまう。黄色の場合のみ助かる」という。一世代以前の便所とちがって、現在のトイレは、近代的機能と形態を備え、薄暗いジメジメした密室空間ではない。便所をねぐらとするかつての妖怪が入り込む余地はないかのようであるが、しかし一向にトイレの怪は跡を絶たないことがわかる。トイレの妖怪が子供たちに与える恐怖心はかなりのもので、怪異の噂が広がりだすと、教室内に不安と動揺が生じたという。女子が怖がってトイレに入れなくなったり、黄色のハンカチを手に握りしめて用を足したりすることで本気で難を避けようとした例も聞かれた。これらトイレの怪を含めて、常光は、学校の怪談が、校内の特定の空間と結びついている点を指摘している。怪異の発現する場所が、普通教室ではなくて、特別教室ないしは付属施設に限定されているという。生徒にとって、特別教室は非日常的空間であり、そこの独自の装置が、怪談の中心的モチーフに組み込まれ、話の効果を高める役割をもつ。また夕方から夜間にかけての学校は、昼間とちがって子供たちが去った後の静寂な世界であり、不気味な様相を帯びた空間になるという。

都市の中の闇の領域

映像を駆使した方法で都市民俗に迫った成果として内藤正敏の『東京』がある。それは内藤が出会った「ヤマちゃん」という都市の漂泊者を通して、現代の大都会の核心と思われる部分に、入り込んで行ったことからさまざまな暗示に満ちた内容が見られる。映像から迫ったフィールドワークの結果であるが、昭和四〇年代後半から、激変しつつある東京の様相を緩速度撮影で一時間に二枚ずつシャッターを切っていき、一〇年間写し続けたらどのような映像が生まれるだろうかと著者は設問している。それは「のたうちまわる巨大な生命体」のように見えるに違いないという。そして、「のたうちまわるように動く東京の中に、ところどころに静止した不気味な空間があることに気づく」といっている。「煌々《こうこう》と輝くネオンのすぐ横に、ぽっかりと開いた得体の知れない暗闇が見える。まるですべてのものを呑みこむブラックホールのようで不気味だ」とも記されている。そしてそうした「都市の中の闇」こそが、都市の本質を解く鍵があると指摘する。その空間に「故郷を棄てた流れ者や犯罪者」が定着して生き延びているからである。「東京」は故郷のない人間たちの吹き溜りなのである。また「ネズミの都市」観というべきメタファーがある。映像を見ると、都市ネズミの生態がキャッチされている。「都市が写っているネズミの写真」である。人間に寄生して生きてきたネズミは、いわば都市民の未来を予見しているものではないだろうか。狭い密室に入ったネズミは、殺し合いをし、共食いを始めるという実験報告があるという。そして都市ネズミとして生き残るのは、大きいドブネズミではなく、小さいクマネズミのほうである。クマネズミの素早く上下に昇り降りする行動力が、地下鉄、地下道、下水道とビルの空間を自ずから居住空間として確保できたからにほかならない。このようなネズミの生態から「東京」のイメージを把握しようとする内藤の視点は、いわば都市民俗の深層心意をとらえる一つのヒントとなろう。

現代の大都市には生活共同体の定立がむずかしく、非定着性志向の住民の存在が強まっていることは確かである。一方、犯罪を生み出す闇の領域の拡大が、都市の不安の心意の反映を露骨に表徴しているといえるのである。そしてこうした部分にも都市民俗分析のメスを入れていかねばならないだろう。

参考文献

宮田登『都市民俗論の課題』未来社、一九八二年。

宮田登『現代民俗論の課題』未来社、一九八五年。

宮田登編「都市と田舎」『日本民俗文化大系』12、小学館、一九八五年。

民話と文学の会「特集語られた現代」『民話と文学』第二〇号、一九八八年一〇月。

常光徹「学校の世間話」『昔話伝説研究』一二号、一九八六年。

ジャン・ハロルド・ブルンヴァン著、大月隆寛・重信幸彦他訳『消えるヒッチハイカー』新宿書房、一九八八年。

大月隆寛「『都市民俗学』論の本質的性格」『日本民俗学』一五七号、一九八五年。

R・W・アンダーソン「アメリカにおける民俗学の現状」『民俗学評論』二六号、一九八六年。

中井信彦『歴史学的方法の基準』塙書房、一九七三年。

内藤正敏写真集『東京』名著出版、一九八五年。

ら 行

わ 行

や　行

ま　行

な　行

は　行

た　行

さ　行

か　行

索　引

あ　行

本書の原本は、一九九〇年に放送大学教材として刊行されました。

宮田　登（みやた　のぼる）

1936-2000年。神奈川県に生まれる。東京教育大学文学部卒業。同大学大学院修了。筑波大学教授，神奈川大学教授などを歴任。筑波大学名誉教授。元日本民俗学会会長。文学博士。専攻は民俗学。民間信仰，都市民俗はじめ広汎なテーマで，歴史学等の周辺分野とも連携しながら業績をのこした。『日本の民俗学』『ミロク信仰の研究』など著作多数。

講談社学術文庫

定価はカバーに表示してあります。

民俗学《みんぞくがく》

宮田《みやた》　登《のぼる》

2019年12月10日　第1刷発行

発行者　渡瀬昌彦
発行所　株式会社講談社
東京都文京区音羽 2-12-21 〒112-8001
電話　編集（03）5395-3512
販売（03）5395-4415
業務（03）5395-3615
装　幀　蟹江征治
印　刷　株式会社廣済堂
製　本　株式会社国宝社
本文データ制作　講談社デジタル製作

ISBN978-4-06-518135-5

「講談社学術文庫」の刊行に当たって

これは、学術をポケットに入れることをモットーとして生まれた文庫である。学術は少年の心を養い、成年の心を満たす。その学術がポケットにはいる形で、万人のものになることは、生涯教育をうたう現代の理想である。

こうした考え方は、学術を巨大な城のように見る世間の常識に反するかもしれない。また、一部の人たちからは、学術の権威をおとすものと非難されるかもしれない。しかし、それはいずれも学術の新しい在り方を解しないものといわざるをえない。

学術は、まず魔術への挑戦から始まった。やがて、いわゆる常識をつぎつぎに改めていった。学術の権威は、幾百年、幾千年にわたる、苦しい戦いの成果である。こうしてきずきあげられた城が、一見して近づきがたいものにうつるのは、そのためである。しかし、学術の権威を、その形の上だけで判断してはならない。その生成のあとをかえりみれば、その根は常に人々の生活の中にあった。学術が大きな力たりうるのはそのためであって、生活をはなれた学術は、どこにもない。

開かれた社会といわれる現代にとって、これはまったく自明である。生活と学術との間に、もし距離があるとすれば、何をおいてもこれを埋めねばならない。もしこの距離が形の上の迷信からきているとすれば、その迷信をうち破らねばならぬ。

学術文庫は、内外の迷信を打破し、学術のために新しい天地をひらく意図をもって生まれた。文庫という小さい形と、学術という壮大な城とが、完全に両立するためには、なおいくらかの時を必要とするであろう。しかし、学術をポケットにした社会が、人間の生活にとってより豊かな社会であることは、たしかである。そうした社会の実現のために、文庫の世界に新しいジャンルを加えることができれば幸いである。

一九七六年六月

野間省一

文化人類学・民俗学

年中行事覚書
柳田國男著（解説・田中宣一）

人々の生活と労働にリズムを与え、共同体内に連帯感を生み出す季節の行事。それらなつかしき習俗・行事の数々に民俗学の光をあて、隠れた意味や成り立ちを探る。日本農民の生活と信仰の核心に迫る名著。

124

妖怪談義
柳田國男著（解説・中島河太郎）

河童や山姥や天狗等、誰でも知っているのに、実はよく知らないこれらの妖怪たちを追究してゆくと、正史に現われない、国土にひそむ歴史の真実をかいまみることができる。日本民俗学の巨人による先駆的業績。

135

中国古代の民俗
白川　静著

未開拓の中国民俗学研究に正面から取り組んだ労作。著者独自の方法論により、従来知られなかった中国民族の生活と思惟、習俗の固有の姿を復元、日本古代の民俗的事実との比較研究にまで及ぶ画期的な書。

484

南方熊楠《みなかたくまぐす》
鶴見和子著（解説・谷川健一）

南方熊楠――この民俗学の世界的巨人は、永らく未到のままに聳え立ってきたが、本書の著者による満身の力をこめた独創的な研究により、ようやくその全体像を現わした。〈昭和54年度毎日出版文化賞受賞〉

528

魔の系譜
谷川健一著（解説・宮田　登）

正史の裏側から捉えた日本人の情念の歴史。死者の魔が生者を支配するという奇怪な歴史の底流に目を向け、呪術師や巫女の発生、呪詛や魔除けなどを通して、日本人特有の怨念を克明に描いた魔の伝承史。

661

塩の道
宮本常一著（解説・田村善次郎）

本書は生活学の先駆者として生涯を貫いた著者最晩年の貴重な話――「塩の道」「日本人と食べ物」「暮らしの形と美」の三点を収録。独自の史観が随所に読みとれ、宮本民俗学の体系を知る格好の手引書。

677

《講談社学術文庫　既刊より》

文化人類学・民俗学

文化人類学・民俗学

柳田國男著（解説・中沢新一）
地名の研究
諸外国とくらべて地名が膨大な国、日本。有名な「大きな地名」よりも、小字などの「小さな地名」に着目した柳田の真意とは。利用地名、占有地名、分割地名それぞれの特徴とは。地名学の源流となった名著。

2283

松岡心平著
中世芸能講義
「勧進」「天皇」「連歌」「禅」
中世日本の思想と構造を読み解く名講義。「勧進」が芸能を包含していく過程、「天皇」制における祓穢思想と芸能の発生、「連歌」のダイナミズムと美学、「禅」が孕むバサラ的思想。日本文化の本質に迫る！

2294

大塚和夫著（解説・小杉　泰）
イスラーム的
世界化時代の中で
イスラームに「原理主義」は存在しない！　アラブ世界を調査・研究のフィールドとしてきた社会人類学者が、イスラームの基本的概念と、二〇世紀終盤に世界的に見られた「イスラーム復興」の動きを解説する。

2306

小松和彦著（解説・高田　衛）
妖怪学新考
妖怪からみる日本人の心
山に、辻に、空き地に、ビルの隙間や、あなたの「うしろ」にも――人あるところ、妖怪あり。人びとの不安や恐れが生み出す「妖怪」を通して日本人の精神構造と、その向こう側にある「闇」の領域を問いなおす。

2307

森枝卓士著
カレーライスと日本人
インド生まれのカレーが、いまや日本の食卓の王座についているのはなぜか？　カレー粉のルーツをイギリスに探り、明治以来の洋食史を渉猟し、「カレーとは何か」を丹念に探った名著。著者による補筆を収録。

2314

眞念／稲田道彦訳注
四國徧禮道指南《しこくへんろみちしるべ》
全訳注
貞享四年（一六八七）刊の最古のお遍路ガイドが現代によみがえる！　旅の準備、道順、宿、見所……。江戸期の大ロングセラーは情報満載。さらに現代語訳と詳細地図を付して時を超える巡礼へと、いざ旅立とう。

2316

文化人類学・民俗学

日本の神々
松前　健著

イザナギ、イザナミ、アマテラス、そしてスサノヲ。歴史学と民族学・比較神話学の二潮流をふまえ、神々の素朴な「原像」が宮廷神話へと統合される過程を追い、信仰や祭祀の形成と古代国家成立の実像に迫る。

2342

魚の文化史
矢野憲一著

イワシの稚魚からクジラまで。世界一の好魚民族といわれる日本人の魚をめぐる生活誌を扱うユニークな書。誰でも思いあたることから意表を突く珍しい事例まで、魚食、神事・祭礼、魚に関する信仰や呪術を総覧！

2344

霊山と日本人
宮家　準著

私たちはなぜ山に手を合わせるのか。神仏や天狗はなぜ山に住まうのか。修験道研究の第一人者が日本の山岳信仰を東アジアの思想の一端に位置づけ、人々の生活と関連づけながらその源流と全体像を解きあかす。

2347

神紋総覧
丹羽基二著

出雲大社は亀甲紋、諏訪神社は梶の葉紋、八幡神社は巴紋……。家に家紋があるように、神社にも紋章＝「神紋」がある。全国四千社以上の調査で解きあかす〈神の紋〉の意味と歴史、意匠と種類。三百以上収録。

2357

日本古代呪術　陰陽五行と日本原始信仰
吉野裕子著（解説・小長谷有紀）

古代日本において、祭りや重要諸行事をうごかした原理とは？　白鳳期の近江遷都、天武天皇陵、高松塚古墳、大嘗祭等に秘められた幾重にもかさなる謎を果敢に解きほぐし、古代人の思考と世界観に鋭くせまる。

2359

故郷七十年
柳田國男著（解説・佐谷眞木人）

齢八十をこえて新聞社に回顧談を求められた碩学は言った。「それは単なる郷愁や回顧の物語に終るものでないことをお約束しておきたい」。故郷、親族、官途、そして詩文から民俗学へ。近代日本人の自伝の白眉。

2393

《講談社学術文庫　既刊より》